OLAF SCHUBERT
STEPHAN LUDWIG

Wie Dirk B. lernte, den Kapitalismus zu lieben

Inklusive Leitfaden zur Ausbeutung

FISCHER Taschenbuch

Aus Verantwortung für die Umwelt hat sich der S. Fischer Verlag zu einer nachhaltigen Buchproduktion verpflichtet. Der bewusste Umgang mit unseren Ressourcen, der Schutz unseres Klimas und der Natur gehören zu unseren obersten Unternehmenszielen.

Gemeinsam mit unseren Partnern und Lieferanten setzen wir uns für eine klimaneutrale Buchproduktion ein, die den Erwerb von Klimazertifikaten zur Kompensation des CO_2-Ausstoßes einschließt.

Weitere Informationen finden Sie unter:
www.klimaneutralerverlag.de

3. Auflage: Dezember 2020

Originalausgabe
Erschienen bei FISCHER Taschenbuch
Frankfurt am Main, Oktober 2020

© 2020 S. Fischer Verlag GmbH,
Hedderichstr. 114, D-60596 Frankfurt am Main

Satz: Dörlemann Satz, Lemförde
Druck und Bindung: CPI books GmbH, Leck
Printed in Germany
ISBN 978-3-596-70400-2

Präludium

So.
Da bin ich also.
Mein Name ist Dirk B.
Ich hab's geschafft. Ich bin erfolgreich, beliebt und wohlhabend. Und zwar allein dadurch, dass ich anderen Menschen erkläre, wie auch sie es werden können.
Ich laufe die winzige Garderobe in alle Richtungen ab, hin und her, immer wieder. Mein Organismus gewährt mir eine gratis Hormonausschüttung. Der Endorphincocktail schürt vibrierende Unruhe. Eine positive Anspannung, denn Grund, mich vor irgendetwas zu fürchten, habe ich nicht.
Der heutige Abend wird sämtliche bisher gefeierte Zeremonien meines Erfolges krönen. So viel steht fest. Und in fünf Minuten geht's los.
Das Cateringangebot ist opulent. Ich greife in eine Plastikschüssel und verschlinge drei Smarties (grün, braun und gelb).
Ich bin ganz oben. Wenn ich will, kann ich jeden meiner Träume Wirklichkeit werden lassen. Manch einer an meiner Stelle würde die Bodenhaftung verlieren, aber ich habe mir vorgenommen, bescheiden zu bleiben. Sicherlich, auch ich werde schwelgen und ausschweifen, doch immer mit Augenmaß.
Ich esse ein viertes Smartie (blau).
Muss ich mich dafür rechtfertigen?

Nein.

Die Zeiten der Rückschläge sind vorbei. Ebenso die nervenden Auseinandersetzungen mit Albina. Immer wieder hatte sie mir vorgeworfen, nie richtig da zu sein, in meiner eigenen Welt zu leben. Dass ich mich nur noch schemenhaft an diese Diskussionen erinnern kann, zeigt, dass sie vermutlich recht hatte.

Ich werfe einen Blick in den Spiegel. Mein Gesicht ist tadellos verheilt, mein sympathisches Lächeln sitzt, und zwischen den Zähnen befinden sich keine unästhetischen Schokoladenreste.

Ich bin bereit.

Meine neue Rolex verrät mir: noch vier Minuten.

Ich verlasse die Garderobe und laufe durch einen tristen, neonbeleuchteten Flur in Richtung Bühne. Mein Rücken ist ein wenig verspannt. Kein Wunder, immerhin saß ich knapp fünf Stunden am Lenkrad. Obwohl ich es längst nicht mehr nötig hätte, steuere ich das Cabrio selbst. Es ist entspannend, dem schweren Motor zu lauschen, dessen Fauchen vom Fahrtwind und dem Dröhnen der Musik aus den High-End-Boxen überlagert wird. Ich liebe dieses wohltuend unausgewogene Verhältnis von Dezibel, Motordrehzahl und Geschwindigkeit.

Mein Weg führt über eine kurze Treppe hinauf zur Hinterbühne. Es ist dunkel. Ein schwerer Samtvorhang dämpft das Licht und die Geräusche aus dem Saal. Über der Inspizientenloge flimmert die Anzeige einer Digitaluhr.

Noch drei Minuten.

Der heutige Abend stellt nur bedingt eine Premiere dar, schließlich habe ich bereits einige Auftritte hinter mir, vor Publikum war ich schon immer eine Granate. Dass aber dreitausendvierhundertdreiundachtzig Gäste ausschließlich meinetwegen jeweils vierundvierzig Euro Eintritt bezahlt haben, summiert sich zu einer neuen, ungewohnten Verantwortung.

Der Inspizient, ein korpulenter Mann mit wallendem Rauschebart, verlässt seine Loge, nähert sich auf Zehenspitzen und raunt mir bedeutungsvoll von der Seite zu:

Noch zwei Minuten.

Sein Atem berichtet ausführlicher, als mir lieb ist, von einem kürzlich verzehrten Fischbrötchen. Hinter ihm hängen Plakate mit Künstlern, die ihre Auftritte hier noch vor sich haben.

Seltsam, überlege ich, sind die meisten nicht schon tot?

Eine Erregung, die ich nicht kontrollieren kann, erfasst mich. Heute Vormittag, nach dem entspannten Erwachen, spürte ich noch keinerlei Symptome aufkommender Nervosität und ging bei einer Tasse Tee die einzelnen Passagen für den heutigen Abend durch. Wenn mir etwas rund und stimmig erschien, erzählte ich es testweise Karl-Heinz, der allem stoisch zustimmte.

Was soll schiefgehen?, beruhige ich mich.

Gut, nüchtern betrachtet ist Karl-Heinz ein Dackel und gehört somit vom Wesen her nicht unbedingt zum Kern meiner Zielgruppe.

Der Inspizient nickt mir zu, formt mit den Lippen tonlose Worte:

Noch eine Minute.

Ein mulmiges Gefühl erfasst mich. Ich denke an frühere Zeiten. Waren es nicht Situationen wie diese, in denen ich in meinem vergangenen Leben gelegentlich versagt habe?

Mag schon sein, sage ich mir. Es gab Momente, in denen es mir nicht gelang, die vollen einhundert Prozent meines Netto-Leistungsvermögens abzurufen. Doch das war damals. Und spätestens seit heute ist damals gestern.

Und somit vorbei.

Die knarrenden Schritte des bärtigen Inspizienten reißen mich aus meinen Gedanken. Mit wehenden Kittelschößen schleicht er händewedelnd auf mich zu. Ich stehe direkt hinter dem Vorhang.

»Herr B.! Seit einer Minute geht's los!«

Herr B. – das bin ich.

Dirk Bergfalk war ich früher.

Der Inspizient gibt ein Zeichen. Ein poppiges Jingle schmettert aus den Boxen im Saal, ich werde resolut durch den Vorhang geschoben und stehe im nächsten Moment geblendet im grellen Licht eines Scheinwerferkegels. Direkt vor mir blitzt ein Mikro auf einem Stativ. Dahinter ist alles schwarz, umgeben von erwartungsvoller Stille.

Nein. Diese Stille ist anders. Rätselhaft.

Wieso klatscht hier niemand?

Schweiß bricht mir aus. Ich bereue, die letzten Minuten mit sinnlosen Gedanken verplempert zu haben, anstatt mir ein knalliges Intro zu überlegen.

Egal. Wie immer werde ich mich auf meine Intuition verlassen. Ich zaubere mein breites Lächeln ins Gesicht, trete ans Mikro und lege enthusiastisch los: »Heute ist Ihr Glückstag, denn mein Name ist Dirk B.!«

Ich lasse eine kleine Pause, um meinem Publikum Gelegenheit zu einem fröhlichen Lachen oder zum Applaudieren zu geben. Doch nichts dergleichen ist zu vernehmen. Auch nicht der Widerhall meiner Stimme von den hohen, irgendwo in der Dunkelheit liegenden Wänden. Schlagartig wird mir klar, dass sich die Worte ausschließlich in meinem Kopf geformt haben.

»Also!« Ich breite die Arme aus. »Meine Damen und Herren! Wie wir alle wissen ...«

Meine Lippen bewegen sich.

Aber kein Laut dringt hervor.

Was ist hier los?

Meine Zunge kitzelt am Gaumen. Ich spüre das Vibrieren der Stimmbänder, meinen pochenden Herzschlag und den Schweiß, der meine Achseln hinabläuft. Als ich den Mund öffne und wieder schließe, höre ich, wie meine Zähne gegeneinander klackern. Probeweise trete ich einen Schritt nach links, dann wieder zurück und stelle fest, dass mein Körper intakt und vollständig unter Kontrolle ist.

Ich klopfe gegen das Mikro. Das Geräusch, vielfach verstärkt durch riesige Boxen, zurückgeworfen von einem unsichtbaren, doch offensichtlich beeindruckend großen Saal, lässt mich zurückzucken.

Da stehe ich also, am Abend meines größten Erfolges. Stumm grimassierend in einem Film mit defektem Ton.

Wieso kann ich nicht sprechen?

Ich beuge mich vor, versuche, von der Bühne am Mikrophon vorbei einen Blick hinab in den Saal zu erhaschen. Unmöglich, der Scheinwerfer ist direkt auf mein Gesicht gerichtet.

Die Stille wird immer bedrückender. Da unten sind knapp dreieinhalbtausend Menschen, irgendjemand *muss* doch einen Laut von sich geben!

Und: Wo ist eigentlich Karl-Heinz? Als ich hergefahren bin, lag er noch dösend auf dem Rücksitz, aber wo ist er ...

Aus dem Augenwinkel registriere ich eine Bewegung. Der Inspizient steht zehn Meter entfernt unter einem Portal an der Seitenbühne und gibt mir, stumm in Richtung Mikro gestikulierend, zu verstehen, dass ich endlich anfangen solle.

Übelkeit steigt in mir auf, genau wie an meinem fünfzehnten Geburtstag, nachdem ich – ohne es zu wissen – – meinen ersten Haschkeks zu Verzehr gebracht hatte.

Das Mikro verschwimmt vor meinen Augen. Ein entferntes, einzelnes Kichern dringt aus dem Saal …

lacht mich da jemand aus?

… dann wird alles schwarz.

Bilder aus meinem Leben ziehen vorbei.

Viele Bilder. Kein Wunder, schließlich habe ich eine Menge erlebt.

Doch wir haben Zeit, viel Zeit.

Am besten, wir beginnen die Geschichte von vorn.

TEIL 1

Schwimme niemals mit dem Strom!
Schwimme nicht im Gegenstrom!
Schwimme NEBEN dem Fluss!
Denn dort kannst du laufen.

Erstes Kapitel

Zehn Monate, vier Tage und zwölf Stunden zuvor

»Leg gefälligst dein Handy weg, wenn ich mit dir rede!«, blaffte Albina.

Ich saß am Küchentisch und starrte stirnrunzelnd auf mein Telefon. Die seltsame App, die ich vor drei Tagen gelöscht hatte, war aus heiterem Himmel wieder auf dem Display erschienen.

»Hörst du mir überhaupt zu, Dirk?«

Ich sah sie an. Weniger der Inhalt der Worte, sondern eher das enervierte Timbre ihrer Intonation ließ mich aufhorchen. Auch die betont deutliche Aussprache meines Vornamens deutete an, dass Gefahr in Verzug war.

»Äh, klar.« Widerstrebend legte ich das Handy beiseite. »Mach ich doch immer, Schatz.«

Hämisch verzog sie den Mund. »Das wäre mir neu.«

Aus dem Radio trödelten die Acht-Uhr-Nachrichten. Morgendlich voll aufmunitioniert lehnte Albina an der Spüle, in der einen Hand die Kaffeetasse, in der anderen ihre Menthol-Zigarette. Wie immer hatte ich Meino zur Schule gebracht, während Albina ihre Businesstracht angelegt hatte: schwarzes Kostüm, hochhackige Schuhe, perfektes Make-up; der dezente Charme einer modernen Bankfilialleiterin. In Jeans und dem blauen Blouson, den wir vor zwölf Jahren auf unserer ersten gemeinsamen Reise nach Prag gekauft hatten, gefiel sie mir deutlich besser.

»Und was«, unangenehm siegessicher beugte sie sich vor, »war denn gerade unser Thema?«

Albinas Tonlage und ihr behördliches Erscheinungsbild brachten mich automatisch in die rhetorische Defensive. Die Situation war mir nach langjähriger Beziehung vertraut, ein turnusmäßig stattfindendes Ritual, in dessen Rahmen sie versuchte, Gefühlsausbrüche meinerseits zu provozieren. Wie immer weigerte ich mich allerdings, den berserkernden Rumpelstilz zu geben.

Um mich der emotionalen feindlichen Übernahme zu erwehren, zählte ich gewohntermaßen die toten Fruchtfliegen auf dem Fensterbrett.

Eins. Zwei. Drei.

Doch leider …

»Ich hab dich was gefragt, Dirk!«

… kam ich nur bis dreizehn.

Kein gutes Omen.

Meiner ersten Schätzung nach hatten mindestens fünfzig Fruchtfliegen auf dem liebevoll dekorierten Fensterbrett ein hübsches Grab mit netter Aussicht auf unseren kleinen Garten gefunden. Ich war jedoch willens, die exakte Anzahl der Fruchtfliegenkadaver zu ermitteln, denn wenn mir dies gelang, davon war ich überzeugt, würde Albina mit ihrem Versuch, mich wütend zu machen, scheitern.

»Du hast gefragt, ob ich dir zuhöre«, wiederholte ich betont ruhig, da die Zeit für mich arbeitete. In genau drei Minuten musste sie das Haus verlassen, und Albina war keine, die zu spät zum Dienst erscheint.

Ich begann von vorn.

Eins. Zwei. Drei. Vier. Fü…

»Du willst mich nicht verstehen, oder?«, Albina ließ nicht locker. »Ich vermittele dir gerade, dass ich ein Problem habe!«

Siebzehn. Achtzehn.

»Ich weiß, es reicht dir, jeden Tag mit dem Fahrrad und deiner …«, sie wedelte mit der Zigarette durch die Luft, »ach so praktischen Multifunktionsjacke in den Hort zu fahren, um dort sechs Stunden …«

Nur fünf Stunden, korrigierte ich innerlich.

»… den Gute-Laune-Onkel mit dem feschen Zopf zu geben.«

»Lass bitte meine Frisur aus dem Spiel«, ermahnte ich sie, den Blick weiter auf das Fensterbrett gerichtet.

Fünfunddreißig. Sechsunddreißig.

»Und in den Ferien«, fuhr sie ohne Umschweife fort, »fahren wir zum Zelten nach Mecklenburg.«

Vorpommern, verbesserte ich stumm. *Dreiundvierzig.*

»Das ist ja auch okay. Doch es gibt ein paar andere Dinge, die ich im Leben …«

Achtundvierzig. Neunund…

Ich stockte. Etwas war falsch, passte nicht ins Bild. Die Fruchtfliegen bildeten mit ihren hellbraun vertrockneten Chitin-Körperchen ein stimmiges stochastisches Raster. Das war es nicht.

Was dann?

Ich erschrak – Meinos Brotbüchse!

Albinas Anweisungen genau befolgend, hatte ich den überdesignten Kunststoffbehälter mit allerlei exakt auf die Entwicklung unseres Sohnes abgestimmtem ökologisch korrektem Superfood bestückt, um ihn dann, frühmorgendlich benommen, auf der Fensterbank zu vergessen!

Ich ärgerte mich über diesen törichten Fehler, schließlich lieferte er meiner präzisionsverliebten Lebenspartnerin eine perfekte Angriffsfläche. Mein Unmut wich allerdings schnell der tröstlichen Erkenntnis, nun endlich den Grund für Albinas Übellaunigkeit gefunden zu haben.

Sie hatte ihren Monolog beendet, lehnte an der Spüle und sah mich erwartungsvoll an. Ich setzte mein bewährtes, nettestes Lächeln auf. Jetzt hieß es, den reumütig-einsichtigen Partner zu spielen, um in den letzten beiden Minuten des gemeinsamen Morgens wieder Harmonie und Eintracht herzustellen.

»Albina.« Verschmitzt blinzelte ich in Richtung Brotbüchse. »Ich weiß doch schon *lääääängst,* was los ist.«

Sie zog irritiert an ihrer Zigarette. »Ach ja?«

»Wir waren ein bisschen spät dran. Ich bin mit Meino noch mal das Frühlingsgedicht durchgegangen. Und dann hab ich sein Frühstück vergessen.«

Das entsprach sogar fast der Wahrheit. Ich hatte zwar verschlafen, aber über das Gedicht (*Wenn der Frühling neu erwacht und bunte Blüten schmachten*) hatten wir immerhin kurz gesprochen.

»Du kennst mich doch«, säuselte ich lächelnd.

Die Pause, die Albina für ihre Antwort brauchte, zog sich länger als erwartet. Sie musste doch eigentlich los?

»Genau. Ich kenne dich.« Sie stieß den Zigarettenrauch durch die Nase aus. »UND DU HAST NULL AHNUNG, WAS LOS IST!«

Ich zuckte zusammen. Albina hatte diesen Satz geschrien, wie ich sie noch nie hatte schreien hören, und dabei ihre Tasche auf den Tisch geknallt.

»Überhaupt: Nichts weißt du!«

»Ach komm, Albina. Ich …«

»Oder weißt du etwa, dass ich seit einem halben Jahr 'nen anderen kenne?«

Das saß. Voller Wirkungstreffer bei offener Deckung. Ich war geschockt.

Wozu ein anderer?, überlegte ich verwirrt. Unsere Beziehung ist doch perfekt!

Sicherlich, wir sprangen uns nicht täglich an den Hals – weder, um uns zu würgen, noch, um uns zu liebkosen – doch wir hatten einen Sohn, akzeptierten uns, vertrauten einander, hatten uns gern; insgesamt genug ausreichende Gründe, für immer zusammenzubleiben.

Davon war ich überzeugt.

Bisher jedenfalls.

Ich wusste nicht, was zu tun war. Das Risiko, in einer solch hochbrisanten Situation womöglich das Falsche zu sagen, konnte ich unmöglich eingehen. Also sagte ich sicherheitshalber nichts, außer dem, was alle coolen Typen in vergleichbaren Momenten sagen: »Okay.«

»Das ist alles, was dir einfällt?«

Albina starrte mich an, während sie quälend lang an ihrer Zigarette zog. Ich war nie ein Freund großer Worte gewesen; wenn wir diskutierten, hatte ich die angenehmen Momente des Schweigens genutzt, um Fliegenmumien oder Ähnliches zu zählen. Jetzt allerdings wurde die Stille mir unangenehm.

»Ein beschissenes *Okay*?« Sie deutete fassungslos mit der Zigarette auf mich. »Ein normaler Mann würde um seine Frau kämpfen.«

Asche rieselte auf die Küchenfliesen. Es kostete mich einige Überwindung, Albina nicht darauf hinzuweisen.

Die Stille wurde immer bedrückender. Albina zog mit verkniffenem Mund an ihrer Zigarette, die Arme vor der Brust verschränkt. Hinter ihr tropfte es aus dem Wasserhahn in die Spüle.

Jetzt war es an mir, etwas zu sagen.

Aber was?

Etwas Bedeutendes, Bleibendes, Episches. Doch ich war unfähig, mich für die richtige, dem Moment angemessene Reaktion zu entscheiden.

Sollte ich den beleidigten Gatten geben, der sich ergebenst echauffiert? Den Enttäuschten, der beginnt, demütig zu jammern? Den Heißsporn, der zornig aufbricht, den Nebenbuhler umgehend zum Duell zu fordern?

Ich war ratlos. Was nicht verwunderte, schließlich sah ich mich zum ersten Mal in meinem knapp vierzigjährigen Leben in Beziehungsdingen von einem rivalisierenden Mitbewerber behelligt.

Hätte Albina nicht die Pflicht gehabt, im Vorfeld eine dezente Andeutung zu machen? Wenigstens einen unverbindlichen Hinweis zu geben, ein paar Brotkrumen zu streuen? Ich hatte mich weder vorbereiten noch in die Situation einfühlen können. Hatte ich nicht das Recht, mich für eine passende Attitüde entscheiden zu dürfen? Aber einfach so, aus dem Nichts mit dieser Info vorzupreschen? Wie konnte sie da erwarten, dass ich reagiere? Womöglich gar noch angemessen?

Ich sammelte mich. Zunächst galt es, zu vermitteln, dass ich Herr der Lage war und mich nicht aus der Ruhe bringen ließ.

»Gut«, nickte ich staatsmännisch gefasst und faltete die Hände auf dem Tisch. »Ich habe verstanden, Albina.«

»*Ich habe verstanden, Albina!*«, äffte sie mich echauffiert nach. »*Ich habe verstanden, Albina!* Du hörst dich an wie der große weise Winnetou!« Ihr schrilles Lachen hallte durch die Küche. »*Ich habe gesprochen, Howgh!*«

Sie griff nach dem Aschenbecher und zerdrückte ihre Zigarette so heftig, dass die Funken stoben. Offensichtlich hatten meine eigentlich gut gesetzten Worte ihre Wirkung verfehlt.

»Ich werde …« Sie brach ab, um unmittelbar danach neu zu beginnen: »Ich werde dich verlassen.«

Albina starrte mich aus zusammengekniffenen Augen

an. Fruchtfliegen konnte ich jetzt nicht zählen, also zählte ich das Tropfen des Wasserhahns, und als ich bei sieben war, verstand ich plötzlich.

Sie wollte mir einfach einen Denkzettel verpassen! Und ich? Ich hatte alles viel zu ernst genommen! Kein Wunder, dass sich alles so unglücklich hochgeschaukelt hatte!

Jetzt war es an mir, die Sachlage aufzulockern, um endlich zur Normalität zurückkehren zu können. Während meines Studiums hatte ich gelernt, wie eine verkrampfte Situation zu entspannen ist: In der Sozialpädagogik spricht man von *Retardierender Transformation* – das heißt, man deeskaliert, indem die Diskussion von der hitzig-emotionalen Ebene auf die sachliche herabgesetzt wird.

Nun, damit kannte ich mich aus.

»Du solltest mich *unbedingt* verlassen«, nickte ich ernst und sah auf die Uhr über dem Herd, »sonst kommst du noch zu spät zur Bank. Und wenn Stau ist, dann …«

Albina wurde erst blass und dann rot. Ihre Augen funkelten, der Mund stand halb offen. Sie sah mich an, und ich begriff sofort, dass nicht alles, was man im Studium über Diskussionsführung lernt, bei Beziehungsproblemen adäquat anwendbar ist.

Wortlos stürmte Albina aus der Küche.

Wie gesagt: Ich hatte wenig Erfahrung in der Bewältigung derartiger Konflikte, doch als die Haustür hinter ihr krachend ins Schloss fiel, musste ich feststellen, dass die familiäre Wohlfühltemperatur in den Frostbereich heruntergekühlt war.

Aber was hatte das alles zu bedeuten?

Ich beschloss, später darüber nachzudenken.

Draußen begann es zu regnen.

Ich nahm mein Handy und löschte erneut die seltsame App.

Zweites Kapitel

Es wurde dunkel, der verregnete Tag legte sich in seine nasskalte Abendgruft. Ich saß noch immer in der Küche, im Wohnzimmer dudelte eine alte Grönemeyer-Platte. Kurz nachdem Albina gegangen war, hatte ich in der Schule angerufen und mich krankgemeldet. Eigentlich hatte ich am Nachmittag mit den Kids der dritten Klassen am Baumhaus weiterbauen wollen, doch das musste heute ohne mich laufen.

Es ging einfach nicht.

Auf mir lastete aller Schmerz der Welt.

Falsch. Aller Schmerz aller Galaxien.

Albina war weg! Im Gegensatz zu ihren sonstigen Ausbrüchen schien der heutige tatsächlich Konsequenzen nach sich zu ziehen. Diese bittere Erkenntnis war innerhalb der letzten Stunden unbarmherzig vom Kopf hinunter in den Körper gesackt.

Alles drückte mich nach unten.

GIB MIR MEIN HERZ ZURÜCK!, jammerte Grönemeyer im Wohnzimmer. *DU BRAUCHST MEINE LIEBE NICHT!*

Ich fühlte mich gekränkt und verletzt. Ich war der einsame Cowboy. Der verwundete Krieger. Der letzte Mohikaner. Verraten und verlassen.

Das war ungewohnt.

Mehr noch. Es warf mich um. Ich lag am Boden.

Und das war …

Nun ja.

Es war wunderbar!

Ich konnte mich nach Belieben in Selbstmitleid wälzen. Viel zu lange hatte ich im schnöden Alltag auf kleiner Flamme vor mich hin geköchelt, doch endlich loderte wieder Feuer, brodelte heißes Blut durch meine Adern! Ich spürte Sehnsucht, Trauer, Wut – die großen Gefühle des verstoßenen Mannes. Grönemeyer leistete hervorragende Arbeit und schob mich immer tiefer in die Schmachtsülze. *ICH BRAUCH NIEMAND, DER MICH QUÄLT! NIEMAND, DER MICH VERLETZT! NIEMAND, DER MICH BENUTZT, WANN ER WILL!*

Als emotionalen Brandbeschleuniger genehmigte ich mir die halbvolle Flasche *Zittauer Kräuterschnaps*, welche seit unserer schon lange zurückliegenden Einzugsfeier in der hintersten Ecke des Küchenregals stoisch ihrer Weiternutzung geharrt hatte.

»Feine Flasche«, lobte ich. »Brav gewartet.«

Leblose Gegenstände mit Komplimenten zu würdigen war wenig zielführend. Dass ich es trotzdem tat, bewies mir, dass sich der Alkohol entgegen meiner Befürchtung noch nicht komplett aus der angestaubten Flasche verflüchtigt hatte.

LASS MICH LOS, OOOOHHHH! LASS MICH IN RUH!, sang ich mit Herbert im Duett. *DAMIT DAAAAAS EIN ENDE NIMMT!*

Ja, ich musste Albina zutiefst dankbar sein. Denn ohne ihren dramatischen Fortgang wäre dieses hervorragende Lausitzer Destillat, dessen verblichenes Etikett ich tief bewegt betrachtete, vermutlich niemals über mich gekommen.

Und obendrein: Sie hatte mich verlassen – wegen eines anderen. Gab es besseres, als Leidtragender einer Intrige zu sein? Nein. Genau dies erhob mich automatisch in den Status des bedauernswerten Opfers.

Genüsslich malte ich mir aus, wie der unbekannte schmierige Buhler mein Weib werbend umgarnte, wie er sie lockte und mit lüsternem Gesäusel verführte, wie Albina versucht hatte, sich der schleimigen Schmeicheleien, den verheißenden Versprechungen von einem Leben an kitschigen Stränden und teuren Hotels zu erwehren, doch angesichts der teuflisch süßen Einflüsterungen war es nur logisch, dass sie irgendwann schwächlich daniedersank.

Ja! Genauso musste es gewesen sein! Ich wollte …

PLING!

Mein Handy leuchtete auf. Überrascht las ich die Mitteilung auf dem Display …

> Hier spricht Weltenmeister!
> Etwas Großes beginnt!
> Du darfst dabei sein!

… und schob das Telefon enttäuscht beiseite. Ich fand, es wäre an der Zeit, dass Albina sich meldete, um sich für ihren Fehltritt zu entschuldigen. Stattdessen bekam ich kryptische Spams zu lesen.

ICH FÜHL MICH LEER UND VERBRAUCHT!, wimmerte es im Wohnzimmer. *ALLES TUT WEH! HAB FLUGZEUGE IN MEINEM BAUCH!*

Ich griff nach der Flasche.

Ach, dachte ich und nahm den letzten Schluck, soll sich Albina ruhig kurz austoben und verzücken lassen von ihrem schmierigen … *Loverboy!*

Trotzig schob ich das Kinn vor.

»Pff!«

Die Frau, mit der ich zwölf Jahre zusammengelebt hatte, die mich liebte, sie *musste* binnen kürzester Frist erkennen, wie unecht, künstlich und falsch dieses Leben, wie es ihr brünstiger Galan verhieß, sich anfühlte! Und wenn sie dann stürzte aus ihrem Himmel der oberflächlichen Belustigungen, wer würde da sein, um sie aufzufangen?

Richtig. Ich, Dirk Bergfalk.

Und Albinas ewiger Dank war mir gewiss. Dafür, dass ich an sie geglaubt, auf sie gewartet hatte, bis unser beider Leben genauso wunderbar weitergehen konnte wie zuvor.

Was bedeutete der glitzernde Tinnef, den der andere ihr bot, gegen die kostbaren Geschenke, die sie von mir bekam? Gegen die Freiheit, die ich ihr bot? Die Freude, wenn ich sie mit meinen Grimassen zum Lachen brachte? Albina tat zwar meist, als wäre ihr dies peinlich, doch tief in ihrem Inneren liebte sie mich dafür.

Ach, was für eine tolle Frau mich verlassen hatte! Grandios! Das gab meinem wunderbaren Leiden einen noch wunderbareren Sinn!

Euphorisiert griff ich nach dem Handy, um ihr mitzuteilen, dass ich Verständnis für ihre Situation hätte, doch dann entschied ich, sie noch ein wenig zappeln zu lassen. Ich brauchte ja nichts zu tun. Ich musste nur warten, bis sie wiederkam.

Verwundert registrierte ich, dass diese App schon wieder auf meinem Display erschienen war, ein orangefarbenes Dreieck unter dem Schriftzug *Weltenmeister*. Gähnend drückte ich auf das Icon, um das komische Teil endgültig zu löschen. Stattdessen öffnete sich die Startseite:

> Dirk! Du bist auserkoren.
> **Weltenmeister** schenkt dir sein Vertrauen.
> Es ist Zeit, die Dinge zu ändern. Weltenmeister macht den Anfang und fordert zum Handeln auf. Ändere dich! Angst, Bequemlichkeit, Toleranz – hinfort damit! Weltenmeister kann dich führen. Wenn du bereit bist …

Wenn ich bereit bin?

Ich verstand kein Wort. Doch lebensfroh und optimistisch, wie ich in diesem Moment war, fühlte ich mich bereit für alles. Ich starrte auf das Handy und versuchte, mich zu konzentrieren. Irgendwann verschwamm die Schrift vor meinen Augen, mein Kopf sank auf die Arme, ich schlief ein …

Drittes Kapitel

… um am nächsten Morgen von der Natur eindrucksvoll demonstriert zu bekommen, zu welch verblüffenden Leistungen sie fähig ist. Binnen weniger Stunden Schlaf war es meinem Organismus gelungen, einhundert Prozent positive Energie in die doppelte Menge negativer Energie zu transformieren.

Mit schmerzendem Nacken saß ich am Küchentisch, während sich der nachwirkende Alkohol mit wütenden Axtschlägen durch meine Synapsen furchte.

Kräuterschnaps! Hatten Kräuter nicht lindernde Wirkung? Davon war nichts, aber auch gar nichts zu spüren!

Ächzend griff ich nach der Flasche, um mich über den Anteil der enthaltenen Alkoholprozente zu informieren, doch schon ihr flüchtiger Geruch erregte schwerste Übelkeit, weshalb ich von einer genaueren Inspektion unverzüglich Abstand nehmen musste.

Eine Google-Suche ergab, dass unter anderem Sehstörungen zu den Symptomen einer Alkoholvergiftung zählen. Daraus, dass ich mehrere Anläufe benötigte, das Wort *Sehstörung* zu entziffern, schloss ich, dass ich unter selbiger litt.

Ich rieb mir die geröteten Augen und stierte verdrossen aus dem Fenster. Langsam klärte sich mein Blick. Der Himmel war grau, Schwalben schossen unter den tiefhängenden Wolken planlos hin und her, kamen sich nah und entfernten sich wieder voneinander.

Fast wie wir Menschen, dachte ich wehmütig. Sind wir nicht alle nur Schwalben, getrieben vom Wind des Schicksals?

Der schneidend ins Ohr fahrende Klingelton meines Handys ließ mich zusammenzucken und schmerzhaft erkennen, dass neben den Augen auch andere Sinnesorgane durch übermäßigen Alkoholkonsum in Mitleidenschaft gezogen werden.

Mausi-Schatz rief an.

Augenblicklich war ich wach. Nicht unbedingt *hellwach*, aber immerhin so fit, dass es der Mindesteinnahme von zehn Dosen Aspirin Complex bedurft hätte, diesen Zustand auf medikamentösem Weg herbeizuführen. Ich nahm das Handy und konzentrierte mich kurz, schließlich wollte ich möglichst entspannt rüberkommen.

»Hallo?«

Meine Stimme klang jedoch so kratzig und fremd, dass ich mich erschrocken umschaute, ob nicht doch ein anderer gesprochen hatte.

»Dirk?«, drang es verunsichert aus dem Hörer.

»Äh … ja.«

»Du … du klingst irgendwie … anders?«

Sehr gut. Albina war besorgt um mich. Punkt für Dirk. Ein Punkt, auf dem sich aufbauen ließ. Bei der gestrigen Auseinandersetzung hatte sie sich noch über meine angebliche Wortkargheit beschwert. Jetzt konnte ich gegensteuern.

Ich räusperte mich und legte los.

»Richtig, Albina. Ich bin anders, das bin ich schon immer. Aber du auch!«

»Wie?!«

»Ich glaube, Albina, wir beide sind … äh, … Schwalben. Schwalben ziehen … um die ganze Welt. Und ich denke, du fliegst gerade gen Süden, zu den weißen Stränden am türkisfarbenen Meer.«

Ich ließ ihr Zeit, dieses Bild zu verarbeiten.

»Du ziehst zu den Flamingos, deinen Freunden«, fuhr ich fort. »Ich hingegen fliege nach Norden, in die Antarktis. Zu *meinen* Freunden, den … äh, … den Pinguinen. Verstehst du?«

Sie schwieg. Was mir zeigte, dass ich sie erreicht hatte.

»Wir bewegen uns in unterschiedliche Richtungen und lernen unterwegs verschiedene Sprachen. Aber bald, Albina, treffen wir uns wieder. Wir lassen uns nieder, irgendwo auf einer Hochspannungsleitung, und reden gemeinsam in unseren unterschiedlichen Sprachen. Und du wirst dann sagen«, ich hielt das Telefon nah an den Mund, damit es maximal intim klang: »*Piep Piep! Piiiiieeeeep Piieeeeep!*«

Albina antwortete nicht.

»Und ich werde zwitschern.« Ich spitzte die Lippen: »*Tschilp, Tschilp!* Wie ein Pinguin. Trotzdem werden wir uns verstehen. Weißt du, was ich meine?«

Stille. Nur das Rauschen der Leitung.

»Albina?«

Keine Reaktion.

»Der eine sagt *Piep*, der andere *Tschilp*. Aber im Grunde genommen …«

»Hast du sie noch alle?«, blaffte sie. »So 'n Schwachsinn! Da haut nichts hin, wie bei allem, was du von dir gibt's.«

»Aber Albina, ich …«

»Nicht eine einzige verdammte Schwalbe auf der ganzen Welt fliegt zu irgendwelchen bekloppten … *Pinguinen!*«

Mist!, schoss es mir durch den Kopf. Die exakten Geo-Koordinaten ziehender Schwalben hatte ich leichtsinnigerweise nicht mitgerechnet, was zweifelsfrei meinem zerrütteten Zustand zuzurechnen war. Bevor ich etwas erwidern konnte, übernahm Albina das Kommando.

»Pass auf. Wir werden das Ganze klären wie vernünftige Menschen. Und zwar werden wir …«

Es folgte ein ausführliches Briefing darüber, wie die Trennung vonstattenzugehen habe. Wie immer war sie bestens vorbereitet und bombardierte mich mit unzähligen Details. Automatisch schaltete ich in den Standby-Modus. Erst am Schluss ihrer Ausführungen wurde ich hellhörig.

»Deshalb schlage ich Folgendes vor.«

Nun, wenn Albina etwas *vorschlug*, hieß das eindeutig: *Hiermit lege ich fest.*

»Du unternimmst am Mittwoch was mit Meino. Ihr könnt ja in den Zoo gehen, und in der Zeit hole ich meine Sachen aus dem Haus.«

»Ähhh … welche Sachen?«

»*Meine* Sachen.«

»Aha.«

»Und nichts anderes«, fügte sie hinzu, als wolle sie mich beruhigen. »Gibt's Einwände?«, fragte sie im selben Ton, mit dem sie vermutlich auch eine Besprechung mit ihren subalternen Kollegen in der Bank beendete.

»Wäre es nicht besser, ich bin dabei und helfe dir?«

»Nicht nötig. Arnulf holt mich mit dem Wagen ab und fasst mit an.«

Sie legte grußlos auf.

Leere machte sich in mir breit. Alles war plötzlich öde. Außer der Geschmack in meinem Rachen, der war pelzig. Ich hatte die Hand ausgestreckt, doch Albina hatte sie zurückgestoßen. Nicht nur das, sie hatte mich lächerlich gemacht. Bloßgestellt. Doch was mich am meisten schockierte, war, dass mein Feind Kontur bekam.

Arnulf.
Was für ein behinderter Name!
In meinem Gleichnis von den Schwalben hatte ich ihn charmanterweise noch als Flamingo tituliert. *Flamongo* wäre richtiger gewesen, schoss es mir durch den Kopf. Und dann noch diese spießige Formulierung: *Arnulf holt mich mit dem Wagen ab.* Pff! Während mein gemarterter Verstand fieberhaft nach adäquaten Schmähungen und Schimpfworten suchte, ploppte auf dem Handy eine Mitteilung auf:

> Dirk! Bist du bereit?

Bereit? Wofür?
Im Sediment meines Gehirns begann es zu arbeiten: Gestern Abend, fiel mir ein, war wieder diese App erschienen. Verschwommen erinnerte ich mich an die kryptischen Botschaften, auf denen von *Zeit zu handeln* und Ähnlichem geschwafelt worden war. Das alles war äußerst merkwürdig, besonders die Tatsache, dass ich persönlich angesprochen wurde.

> Weltenmeister steht dir zur Seite. Entscheide!

… ploppte es erneut, darunter zwei Buttons, unter denen *Bereit* und *Nicht bereit* zu lesen war.
Was wollten die? Hatte da jemand einen an der Waffel?
Egal, dachte ich. Ich bin allein, und wenn mir sonst kei-

ner zur Seite steht, dann wenigstens eine App. Schöne digitale Welt. Ich drückte auf *Bereit*.

> DIE ENTSCHEIDUNG IST RICHTIG!
> DU HAST SOEBEN DEIN LEBEN VERÄNDERT!

Na toll.

Skeptisch sah ich mir die Sache genauer an. Im Gegensatz zu den reichlich dick auftragenden Statements war die App eher schlicht gestaltet und bestand aus in verschiedene Kapitel unterteilten Textpassagen:

> **Von der Kunst, ein Egoist zu sein und gleichzeitig geliebt zu werden.**
> Am Boden zerstört? Alles aussichtslos?
> Nein!
> Denn wer am Boden liegt, kann nur noch in eine Richtung: Nach oben!

Ich runzelte die Stirn. Solche Kalendersprüche sollten mein Leben verändern? Vielen Dank. Mürrisch las ich trotzdem weiter.

> Wer nach oben will, muss nach unten treten.
> Doch tu es heimlich, im Verborgenen!
> Tritt hart zu, und vermeide, Weichteile zu verletzen!
> Echte Menschen sind wie fast alle Lebewesen Egoisten. Habe Mut! Werde auch du ein **echter Mensch**! Der Weg ist steinig, also achte auf festes Schuhwerk. Erfolg ist machbar!
> **Weltenmeister führt dich!**

Weichteile, die nicht verletzt werden sollten? Tipps für Schuhwerk? Sollte das alles ein Witz sein? Oder besonders originelle Werbung? Ich scrollte durch den Inhalt und hoffte, irgendwo eine Erklärung zu finden. Doch es gab nichts dergleichen. Verärgert darüber, wie ein ahnungsloser Rentner auf irgendwelchen Quatsch reingefallen zu sein, warf ich das Handy aufs Bett.

Viertes Kapitel

»Ach komm, das wird bestimmt lustig«, schmunzelte ich.

Meino stand missmutig neben mir an der Zookasse und starrte durch seine dicken Brillengläser ins Leere. Sein Atem ging schwer, die wenigen Meter von der Straßenbahnhaltestelle bis zum Eingang hatten ihn etwas aus der Puste gebracht.

»Ich hab k-keinen ...«

»Ja?«

»B-B-B ... Bock«, presste Meino hervor.

Dass mein neunjähriger Sohn den komplizierten Plosivlaut bereits im vierten Anlauf hervorbrachte, freute mich. Die wöchentlichen Besuche beim Sprachtherapeuten zeigten mehr und mehr Wirkung, sein Stottern besserte sich.

»Toll«, lobte ich ihn.

Ich streifte ihm die Kapuze über den Kopf und ging voraus in Richtung Affenhaus. Es war das erste Mal, dass wir uns nach Albinas rüdem Abgang vor einer knappen Woche wiedersahen. Ich war ein wenig aufgeregt, doch der Zoobesuch war eine gute Wahl. Ich mochte es nicht, diese eingesperrten Kreaturen zu beglotzen, während Meino Tiere im Allgemeinen nicht leiden konnte. Eine Abneigung, die uns verband und durch den Nieselregen noch verstärkt wurde.

Er trottete in zwei Metern Abstand hinter mir her und beschwerte sich, was wir überhaupt hier wollten, schließlich würden wir es beide *b-b-beschissen* finden. Ich wies darauf hin, dass wir nun mal eine Jahreskarte hätten.

»Zurzeit haben wir gerade mal zweiundsiebzig Prozent des Guthabens aufgebraucht. Da ist noch Luft nach oben, Meino.«

Damit beendete ich die Diskussion. Kinder brauchen klare Entscheidungen, das hatte ich bei einem freiwilligen Pädagogik-Aufbaukurs während meines Studiums gelernt. Natürlich war ich weit davon entfernt, theoretische Muster aus dem Bildungsbereich beim eigenen Kind anzuwenden, da verließ ich mich selbstverständlich auf Intuition und Bauchgefühl.

»Was meinste?« Ich deutete durch den Regen zum Spielplatz neben dem Elefantenhaus. »Willst du 'n bisschen rutschen?«

Anstelle einer Antwort verdrehte Meino die Augen.

»Also bei mir«, sagte ich, um das Gespräch in Gang zu bringen, »war heute 'ne Menge Trubel. Ich hab mit meinen Kids draußen das Baumhaus weitergebaut, hinten am Fußballfeld. Gernot Seibt aus der Dritten hat sich mit dem Hammer voll auf den Daumen gekloppt. Da war vielleicht was los.«

Meino vergrub die Hände im Anorak, kickte stumm einen Kieselstein vor sich her.

Natürlich hatte ich vor zwei Jahren darauf gedrungen, dass er auf meine Schule gehen sollte. Doch Albina hatte sich nicht auf Diskussionen eingelassen. Niemals, hatte sie kategorisch erklärt, würde ihr Sohn auf eine *Freie Kreativschule* gehen (aus ihrem Mund hatte der Name wie eine terroristische Vereinigung geklungen).

»Und?«, fragte ich beiläufig. »Wie ist der so, der Arnulf?«

Das tat ich natürlich nicht, um Meino auszuhorchen. Ich war neugierig, mehr nicht.

»Der ist k-k …«
»Kompliziert?« half ich.
»Nee. K-k-k …«
»Kafkaesk?«
Meino schüttelte den Kopf, konzentrierte sich.
»K-k …«
»Ja?«
»K-k-klasse.«
»Mmmmmh.«

Als Vater und ausgebildeter Pädagoge billigte ich meinem Sohn natürlich ein eigenes Urteil zu, auch wenn es mehrerer Anläufe bedurfte. Für Meinos Stottern, hatte der Sprachtherapeut erklärt, gab es keine körperlichen Ursachen, was mich in der Vermutung bestärkte, dass der Grund bei Albina lag. Meinos Mutter redete so viel, dass einfach nicht genug für ihn übrigblieb. Bildlich gesprochen hieß das, dass er sich die wenigen übrig gebliebenen Worte gut einteilen musste.

Arnulf, erklärte Meino, hätte eine Menge *K-Kohle.* »Und 'ne ganz normale F-Frisur.«

Unwillkürlich griff ich in den Nacken. Ich trug den Zopf seit über zwanzig Jahren. Noch nie hatte sich jemand darüber beschwert. Auch Albina nicht. Im Gegenteil, als wir uns kennenlernten, hatte sie ihn *richtig süß* gefunden.

Sein neues Zimmer, fuhr Meino indessen fort und goss damit weiter Salz in die Wunde, sei viel größer als das alte, Arnulfs Haus auch, das habe sogar einen *P-P-Pool,* und wenn Meino groß wäre, würde er dasselbe machen wie Arnulf.

»Und was«, fragte ich, »wäre das?«
Wir hatten das Affenhaus erreicht.
»F-F-F …«

Ich riss die Tür etwas zu heftig auf, so dass sie krachend gegen die holzverkleidete Fassade prallte. Meino zuckte zusammen.

»Finanzberater«, stieß er hervor.

»Wirklich?!«

Er nickte so heftig, dass das Regenwasser von der Brille tropfte.

Mein Sohn, ein … Finanzfuzzi?

Das war das Letzte, was ich mir vorstellen wollte!

Genügte es nicht, dass dieser … Arnulf mein Weib umgarnt hatte? Musste er auch noch eine unschuldige Kinderseele manipulieren?

Über Jahre hatte ich Meino tagtäglich die Prinzipien eines vernünftigen und sozialen Miteinanders vorgelebt, doch wenige Tage destruktiven pädagogischen Einflusses genügten, und der Junge war nur noch auf Geld und Besitz fixiert!

Ich erklärte Meino, dass er natürlich alles werden könne, wozu er Lust habe. Allerdings, fügte ich motivierend hinzu, sei es durchaus förderlich, einen Beruf korrekt aussprechen zu können, bevor man ihn ergreife.

Wir betraten das Affenhaus, und Meino beschwerte sich umgehend über den Gestank. Das, erwiderte ich, sei nun einmal die einzige Möglichkeit für diese bedauernswerten Tiere, sich zu wehren.

»Affen bestehen zu neunundneunzig Prozent aus den gleichen genetischen Bausteinen wie du und ich. Aus ethischer Sicht ist es absolut unvertretbar, diese Lebewesen zur Belustigung des Publikums in Käfige zu pferchen.«

Meino stand tropfend da und sah dumpf durch die beschlagene Brille zu mir auf. Ich spürte, dass meine kritischen Fragen ihn zermürbt hatten, und empfand es als väterliche Pflicht, den Jungen wieder aufzubauen. Glücklicherweise verfügte ich als Sozialpädagoge über ausreichend Erfahrung und Talent, selbst etwas langweiliges wie einen Zoobesuch durch unkonventionelle Maßnahmen zu einem tollen Erlebnis zu machen.

»Guck mal!«

Ich deutete auf ein besonders unattraktives Schimpansenweibchen und schnitt ein paar Grimassen, worauf Meinos Laune sich schlagartig verbesserte. Gemeinsam machten wir uns lustig, klopften an die Scheibe des Gorillageheges, intensivierten unsere Grimassen und Verrenkungen, während die Affen immer aufgeregter wurden, bis ein offensichtlich spaßbefreiter Zoobeamter unserem fröhlichen Treiben barsch ein Ende setzte.

Lachend über unseren gelungenen Streich schlenderten wir gemeinsam zum Imbissstand, wo ich Meino eine Currywurst mit doppelter Portion Pommes spendierte. Albina achtete strikt auf Meinos Ernährung (was in Anbetracht seines Übergewichts durchaus angebracht war), doch meine Aufgabe als Vater war es, dem Jungen zu zeigen, dass es auch Ausnahmen von strengen Regeln gibt.

»Unter uns Männern läuft's eben anders«, blinzelte ich ihm zu. »Kein Wort zu Mutti, abgemacht?«

Wir liefen zum Ausgang, wo ich Albina in einiger Entfernung in einem großen SUV warten sah. Als wir uns verabschiedeten, zwinkerte mir Meino verschwörerisch zu, und zum ersten Mal seit Tagen ging mir das Herz auf.

Die Freude währte allerdings nur kurz, denn als ich nach Hause kam, erwartete mich eine böse Überraschung.

*

Das Haus war so gut wie leergeräumt.

Das, was Albina als *meine Sachen* bezeichnet hatte, erwies sich als beinahe die komplette Einrichtung. Das Sofa und die beiden Ledersessel waren weg. Auch das komplette Schlafzimmer. Immerhin, der Gummibaum stand noch in der Ecke, doch der Plattenspieler war verschwunden. Ebenso die meisten Bilder. Das war nicht weiter schlimm, aber die sieben hellen Rechtecke auf der Raufasertapete störten mich. Nur das Hochzeitsfoto hing noch neben der gerahmten Urkunde mit meiner Ernennung zum staatlich anerkannten Erzieher; beides hatte Albina verschmäht.

Ich hängte das Foto ab, wodurch sich die Rechtecke auf acht erhöhten (ebenfalls nicht optimal, doch besser als eine ungerade Zahl), holte einen Stuhl aus der Küche und setzte mich ins Wohnzimmer.

Was für eine Frechheit!

Der Regen wurde stärker, prasselte gegen die Fenster.

Albina wusste um meinen Gerechtigkeitssinn. Sie hatte mich ausgespielt, und zwar, wie an den hässlichen Schuhabdrücken von Arnulf und seinen Helfershelfern auf meinem hellen Spannteppich zu erkennen war, bar jeder Rücksicht!

Ach, dachte ich und betrachtete die verschmutzte Auslegware, dieser Teppich und ich, wir beide liegen am Boden.

Mein Telefon vibrierte.

> Und wenn jemand am Boden liegt, trampeln alle auf ihm herum!

Ich musste lachen.

> **Weltenmeister** steht dir bei ☺

… las ich weiter und erschrak. Stirnrunzelnd sah ich mich um. Erlaubte sich Albina oder sonst wer einen bösen Scherz? Beobachtete mich jemand?

Was war das für ein kranker Quatsch?

Fünftes Kapitel

*Freundlos war der große Weltenmeister,
fühlte Mangel – darum schuf er Geister,
sel'ge Spiegel seiner Seligkeit!*
     Friedrich Schiller

Im Netz ließ sich zum Begriff *Weltenmeister* neben obigem Zitat nur ein nichtssagender österreichischer Journalist ermitteln, der den Begriff als Pseudonym benutzte. Ansonsten – absolut nichts.

Ratlos saß ich in der Küche. Die App hatte kein Impressum, auch die Möglichkeit, Kontakt mit dem Anbieter aufzunehmen, fehlte. Ich war kein Verschwörungstheoretiker und auch sonst nicht hysterisch, aber hier ging etwas nicht mit rechten Dingen zu.

Ich inspizierte die Kamera am Telefon. Theoretisch war es durchaus möglich, mich damit auszuspionieren. Doch weder hier noch bei anderen Funktionen konnte ich Verdächtiges entdecken. Vielleicht offenbarte der Wust an Texten und Pamphleten auf der App eine Erklärung? Ich las, widerwillig und neugierig zugleich:

> Egoismus ist eine Realität, geboren aus Evolution.

> Doch viele Menschen verweigern sich dieser Tatsache. Es sind jene, die meinen, moralisch, fair und sozial zu sein. Weltenmeister nennt sie *die Selbstlosen*.
> Merke:
> **Die Selbstlosen sind es,
> welche die Gesellschaft spalten!**

Ich hatte null Ahnung, worauf das alles hinauslaufen sollte, aber etwas Ähnliches hatte ich noch nie zuvor gelesen.

> Selbstlose sind meist sympathisch. Das macht die Auseinandersetzung schwierig. Doch sind sie naturgemäß frustriert, denn *selbstlos* bedeutet, das Sinnen und Trachten auf andere zu fokussieren, während das eigene Ich verdörrt.

»Stimmt«, murmelte ich.

> Solche Menschen gibt es überall.
> Identifiziere sie!
> **Küsse den inneren Blockwart in dir wach!**

Sofort musste ich an meinen Kollegen Norbert denken. Ein Leuchtturm der Selbstlosigkeit, aber in puncto Lebensfreude eine absolute Sparflamme. Während es mir auf Arbeit immer wichtig war, den Spagat zwischen persönlichem Wohlergehen und hilfsbereitem Engagement nicht zu überspreizen, empfand Norbert eine geradezu masochistische Freude daran, sich zum Wohle aller im Dienste der guten Sache aufzureiben. Und was schuf er damit? Nur Neid und schlechtes Gewissen! Weil er andere glauben machte, jeder müsse so sein.

> Sehr gut, Dirk. Du bist ein gelehriger Schüler.

Die Sache begann, mir Spaß zu machen.

> Mache dich emotional unabhängig! Betrachte die Dinge relativ! Drehe das Vertikale einfach um 90 Grad ins Horizontale! Links, rechts, vorn oder hinten, wen interessiert es? Hauptsache oben! Werde flexibel!

Draußen war es dunkel geworden, der Regen rann in Schlieren über die Fensterscheiben. Ich stand auf, um das Licht einzuschalten. Nichts geschah. Ein Blick zur Wohnzimmerdecke zeigte mir, dass die oberpenible Filialleiterin sich nicht zu doof gewesen war, sogar die Lampe mitzunehmen.

Na und? Sollte sie nur machen! Diese trübe Designerfunzel aus eloxiertem Edelstahl war sowieso nur stylischer Firlefanz, oft genug hatte ich Albina für die überteuerte Anschaffung kritisiert.

In der Küche funktionierte das Licht noch. Ich beschloss, mir einen Tee zu machen, und während ich wartete, bis das Wasser kochte, zählte ich noch einmal die Fruchtfliegen auf dem Fensterbrett (achtundfünfzig, sieben mehr als am Vortag). Es war tröstlich, dieser Beschäftigung endlich wieder ungestört nachgehen zu können.

Dann saß ich da, starrte in die dampfende Tasse und dachte über das Gelesene nach. Ein Satz fiel mir wieder ein.

> **Werde flexibel!**

Warum *werden*? Bin ich doch längst!

Ich ging ins Bad, nahm eine Schere und schnitt mir den Zopf ab.

Sechstes Kapitel

> **Verlierer sein, aber mit Erfolg!**
>
> Ständig redet dir die Gesellschaft ein: Verbessere dich, arbeite an dir! **Unfug!** Wesentlich zielführender ist es, das bereits vorhandene Potenuial konsequent zu nutzen. Dazu allerdings muss man es zunächst erkennen. Das Gute ist: Nicht die Menge der Ressourcen ist entscheidend, sondern die Fähigkeit, das wenige gezielt einzusetzen.
>
> **Merke: Je geringer die Auswahl, desto leichter die Entscheidung!**
>
> (Funfact am Rande: Wer kein Potenzial hat, kann keines vergeuden.)

Lärm drang durch die Betonwände in mein kleines Büro. Ein Blick auf die Uhr erklärte das Geschrei, die Zweitklässler gingen gerade zum Mittagessen.

> Betrachten wir die Natur: Von jeher werden menschlichen Charaktereigenschaften tierische Entsprechungen zugeordnet: Der ängstliche Hase. Der listige Fuchs. Der gefährliche Tiger.

Ich überlegte, welcher Eigenschaft mein persönliches Lieblingstier, der Pinguin, entsprach.

> Fuck the Pinguin!

Hä?

> Stell ihn kalt!
> **Du bist ein Tiger!**

Ich? Ein Tiger? Diese Vorstellung war etwas ungewohnt. Aber sie gefiel mir. Ich erinnerte mich an eine Szene vor zwei Wochen. Margit, die stellvertretende Schulleiterin, war in mein Büro gekommen und hatte sich beschwert, dass es hier rieche *wie im Raubtierkäfig*. Damals hatte ich die Bemerkung als nicht sehr schmeichelhaft empfunden, doch womöglich war das ja der Anfang gewesen?

Verdammt, schoss es mir durch den Kopf. Ich *bin* ein Tiger!

Ich war schon immer einer gewesen. Jahrelang hatte dieser innere Tiger Winterschlaf gehalten, doch jetzt, jetzt wurde er geweckt. Albina fiel mir ein, beim Gedanken an sie straffte ich mich in meinem Stuhl. Mein Nacken schmerzte, doch dies, stellte ich fest, lag nicht daran, dass ich die Nacht auf einer undichten Luftmatratze verbracht hatte (ein Bett hatte ich ja nicht mehr), nein, es war die Bestie, die sich, verspannt nach langem, tiefem Schlaf in mir reckte und nun fauchend die Krallen wetzte. Ja, genauso war es, ich …

Die Tür wurde aufgerissen, ein Zweitklässler platzte herein und sah mich mit großen Augen an.

»Hey, sag mal!«, mahnte ich.

Der Junge wich einen Schritt zurück. Ich hatte wohl ein wenig rüde geklungen.

»Na?«, schob ich deshalb in kumpelhaftem Ton nach, »wo kommst du denn her? Hier kannst du nicht einfach so reinplatzen, ich hab wichtige Arbeit zu erledigen, weißte?«

»Und was?«

Der nassforsche Aggressor schien es genau wissen zu wollen.

»Na ja.« Ich nahm die Füße vom Schreibtisch. »Das alles hier muss schließlich bezahlt werden. Eure Lehrer, die Schulhefte, die Stromrechnung und so. Ich kümmere mich um den Verein, damit immer genug Geld da ist. Und das Baumhaus«, ich deutete aus dem winzigen Fenster, »wird auch nicht von alleine fertig. Da geht's nicht, dass ein kleiner süßer Fratz wie du einfach hier reinkommt und …«

»Luca?«, ertönte es aus dem Flur. »Hast du das Pflaster?«

»Welches Pflaster?«, rief ich zurück.

»Für den Daumen!«

»Welchen D-«

Ich stockte, denn erst jetzt bemerkte ich die Wunde

an der Hand des Jungen, die er mir die ganze Zeit stolz entgegenstreckte. Etliche Blutstropfen hatten bereits unschöne Flecken auf dem Spannteppich hinterlassen.

»Iiiiiihh!«, rief ich, »also das geht nun wirklich nicht!«

»*Was* geht nicht?«

Ein Bündel bunter Baumwollklamotten erschien raschelnd in der Tür. Aus der oberen Öffnung ragte ein Strunk graubrauner, ein verhärmtes Gesicht umkränzender Locken. Constanze, die Ethik- und Deutschlehrerin sah mich stirnrunzelnd an.

»Guck dir mal den Teppichboden an!«, sagte ich verärgert.

»Hier steht ein verletztes Kind!« Constanze schob das Kinn vor. »Und das Einzige, was dich interessiert, ist dein *Teppich*?«

»Mir persönlich ist es egal. Aber das ist Vereinseigentum.«

»Entschuldigung, Herr *Verwaltungsdirektor*«, gab sie pampig zurück. »Ich hab Luca hergeschickt, weil hier der Verbandskasten ist!«

»Ach so. Das haben wir gleich.« Ich schob einen Stapel Zeitschriften beiseite, kramte den Verbandskasten hervor und verarztete die Wunde. »Das war's.« Ich gab dem Jungen einen aufmunternden Klaps. »Und jetzt ab in die Pause!«

Er rannte davon.

»Na?«, rief ich ihm nach. »Wie heißt das Zauberwort?«

»Sag mal«, Constanze stemmte die Hände in die mageren Hüften, »was soll denn der Quatsch?«

Sie, die ach so wichtige Lehrerin, fühlte sich Dirk, dem einfachen Erzieher, haushoch überlegen. Sollte sie ruhig, ich ließ sie in ihrem Glauben. Obwohl ich mehr war als ein Hortner, viel mehr.

Ich war ein Tiger.
Doch ich fuhr die Krallen nicht aus.
Aber meine Zähne, die zeigte ich.
»Alte Schule eben«, lächelte ich. »Aber was gar nicht geht«, fuhr ich sachlich fort, »ist, dass hier immer wieder jemand unangemeldet auftaucht. Ich hab hier hochvertrauliche Unterlagen.« Ich deutete auf meinen Schreibtisch. »Du weißt, wie angespannt unsere finanzielle Lage ist. Wir sind 'ne freie Schule, wir sind auf die Spender angewiesen. Ich muss ständig Telefonate führen, um die Leute bei Laune zu halten. Wenn auch nur einer von denen abspringt ...« Ich senkte die Stimme. »Da hängen Jobs dran, Constanze. Deiner auch.«

Sie hüstelte kurz.

»Okay«, nickte sie dann. »Aber ... du weißt doch, Beate ist seit zwei Wochen krank, ich muss mich um drei Klassen gleichzeitig kümmern. Da muss es doch mal möglich sein, dass du den Verbandskasten rausrückst, wenn ...«

»Du hast Stress, das verstehe ich. Aber ich hab hier auch 'ne Menge an der Backe. Das willst du nicht mal einen Tag erleben, glaub mir. Nicht mal 'ne Minute.«

»Klar, aber du darfst nicht vergessen ...«

Irgendwo krachte eine Tür. Ein Kind schrie, ein weiteres fiel ein. Constanze wollte umgehend los, doch ich hielt sie zurück und bat sie freundlich, Frau Koblowski, die Reinigungskraft, wegen des Blutflecks zu informieren.

Kurz nachdem Constanze verschwunden war, vibrierte mein Handy:

> **Wo du gewinnen willst,
> muss ein anderer verlieren!**

Siebentes Kapitel

»Echt jetzt.« Sören saß hinter mir auf der Rückbank, öffnete eine Ledertasche und hievte einen Laptop auf den Schoß. »Du hast mir den Arsch gerettet, Dirk.«

»Kein Problem«, wehrte ich ab und lenkte die schwere Limousine auf die Überholspur. »Mach ich doch gern.«

»Trotzdem, du hast was gut bei mir.«

Er hatte mich wenige Minuten nach dem Vorfall mit Constanze angerufen. Ein kurzfristiges Aktionärstreffen in Berlin, hatte er hektisch erklärt und gefragt, ob ich ihn die zweihundert Kilometer fahren könne, er müsse sich auf das Meeting vorbereiten. Ich hatte ihm schon öfter so geholfen, und auch diesmal sagte ich spontan zu. Es war ein wahres Vergnügen, mit seiner Nobelkarosse über die Autobahn zu brettern. Außerdem war Sören ein wichtiges Mitglied des Fördervereins, erst letzten Monat hatte eine seiner Firmen die komplette Schule mit interaktiven Tafeln ausgestattet. Eugen, sein Sohn, ging in die dritte Klasse. Ein ziemlicher Angeber, wie ich gehört hatte, doch wegen seines einflussreichen Vaters hatte er allen Grund dazu.

»Siehst übrigens endlich nicht mehr so Panne aus«, sagte Sören hinter mir.

»Was?«

»Dein komischer Zopf. Wurde echt Zeit, dass du dich von dem Ding verabschiedest.«

Sören vertiefte sich wieder in den Laptop. Der Mercedes schnurrte auf der rechten Fahrspur voran. Ein paar Minuten vergingen, dann vibrierte mein Handy auf dem Beifahrersitz. Ich warf einen flüchtigen Blick auf das Display und erfuhr, dass es wichtige Neuigkeiten vom Weltenmeister gab.

»Sag mal ...«, ich räusperte mich, »hast du mal gehört, dass es Apps gibt, die einen ... beobachten?«

»Wieso?« Sören hob den Kopf. Ich sah in den Rückspiegel und bemerkte seinen spöttischen Blick. »Fühlst du dich ... *verfolgt*?«

»Quatsch. Ich mein ja nur ...«

»*Jeder* beobachtet dich«, erklärte Sören. »Siri, Facebook, Amazon, was weiß ich. Die wollen Informationen, verstehst du? *Darum* geht's heutzutage, damit wird Kohle verdient.«

Ich dachte über die Worte nach, und als ich eine Stunde später auf dem Potsdamer Platz vor einem verglasten Büroturm bremste, war ich zu dem Schluss gekommen, dass Sören recht hatte. Wir stiegen aus, Sören langte in die Innentasche seines Jacketts und holte ein Bündel Geldscheine hervor.

»Hier.« Er löste eine silberne Klemme, hielt mir einen Hundert-Euro-Schein entgegen.

»Nee«, wehrte ich ab. »Lass mal stecken.«

»Okay.« Er deutete auf den Wagen. »Bringst du ihn in die Firma? Ich lasse mir für morgen einen Platz im ICE buchen.«

»Logisch.«

Sören tätschelte meine Schulter, ordnete den Schlipsknoten und wandte sich zum Gehen. »Weißte was?«, rief er über die Schulter. »Behalte ihn einfach, bis ich zurück bin.«

»Quatsch, Sören, ich ...«

»Mach, wie du denkst.«

Die Glastüren des Büroturms glitten auf, er winkte mir zu und verschwand.

Als ich eine halbe Stunde darauf wieder auf der Autobahn war, rief Albina an und teilte mir mit, dass Meino aus dem Hort abgeholt werden müsse, es gehe ihm nicht gut.

»Kannst du das übernehmen?«

»Klar«, erwiderte ich. »Aber was ist denn mit Arnulf, dem neuen … Traumpapa?«

»Wir hatten das doch besprochen, Dirk.« Sie klang gereizt. »Auch wenn sich einiges geändert hat, du bist und bleibst Meinos Vater. Außerdem muss Arnulf arbeiten.«

Die letzten Worte klangen besonders gedehnt. Bevor ich auf den dreisten Vorwurf reagieren konnte, hatte sie aufgelegt.

*

»Alter! Was für eine *o-oberaffengeile* Karre!«

Meino saß zappelnd neben mir. Sofort nachdem er den üppig verchromten Edelschlitten bestiegen hatte, schienen seine Bauchschmerzen wie verflogen. Ehrfürchtig wanderte sein Blick über die blitzenden Armaturen.

»Wann haste den gek-k-k…«

»Gekauft?«

»Hm.«

»Nee!«, lachte ich. »Den hab ich doch nicht gekauft!«

»Sch-Scheiße!«

Meino sackte in sich zusammen. Zu sehen, wie seine gute Laune mit einem Schlag verflogen war, tat weh.

»Ich kauf mir aber auch bald so ein Teil.« Schmunzelnd klopfte ich Meino auf die Schulter. »Nur noch 'n bisschen besser. Der hier ist nur zum … Testen.«

Umgehend hellte sich seine Miene wieder auf. Ich hatte ihn immer erzogen, die Wahrheit zu sagen. Doch eine kleine Notlüge, stellte ich im Stillen fest, durfte durchaus sein, wenn sie dazu diente, einem geliebten Menschen eine Freude zu bereiten.

Wir fuhren eine Weile durch die Stadt. Aus den Augenwinkeln bemerkte ich, dass Meino mir immer wieder bewundernde Blicke zuwarf. Ungewohnt redselig plapperte er vor sich hin und erzählte von Arnulfs nagelneuem Audi, der zwar nicht schlecht, aber nicht einmal *halb so g-g-geil* sei.

Schon immer waren die Bande zwischen Meino und mir eng gewesen. Wobei ich mir eingestehen musste, dass das Verhältnis zu seiner Mutter von Anfang an intensiver gewesen war. Albina war es auch, die diesen eigentlich furchtbar altmodisch und gespreizt klingenden Namen ausgesucht hatte (ich selbst war für »Karl-Heinz« gewesen, hatte mich aber nicht durchsetzen können).

Bei der ersten Ultraschalluntersuchung war sich der Gynäkologe ziemlich sicher, dass wir ein Mädchen bekommen würden. Dafür hatte ich jede Menge toller Namen in petto. Als man uns dann wenige Wochen vor der Geburt mitteilte, es würde nun doch ein Junge werden, hatte ich keine Nerven mehr, die quälende Namenssuche noch einmal von vorn zu beginnen. Und so hatte Albina mit ihrem Vorschlag wieder einmal leichtes Spiel gehabt.

Vielleicht, überlegte ich, hing es auch mit diesem Namen zusammen, dass ich bis heute nie genau wusste, wie ich den Jungen ansprechen sollte. *Meino* ging jedenfalls nicht, und Koseformen wie *Meini* oder *Meinel* kamen ebenfalls nicht in Frage. Eine Weile hatte ich ihn *Meiner* genannt, was mir persönlich sehr gefiel, von ihm selbst und seiner Mutter allerdings als »zu prollig« abgelehnt worden war.

»K-kann ich mit zu dir kommen, Vati?«

Ich traute meinen Ohren nicht. Hatte er tatsächlich *Vati* gesagt?

»Klar«, nickte ich. »Aber heute ist es leider schlecht, wegen Arbeit. Ich muss dich zu Mutti fahren.«

Das stimmte sogar. Vor allem aber wollte ich die Gelegenheit nutzen, den neuen Wohnort des mir so grausam entrissenen Teils meiner Familie unbeobachtet inspizieren zu können.

Achtes Kapitel

Das Haus war mindestens doppelt so groß wie unseres, halb verborgen hinter einer exakt geschnittenen Hecke, inklusive Vorgarten und Carport. *GERMANIA VERMÖGENSBERATUNG AG* stand prätentiös auf einem Messingschild neben dem Briefkasten. Ein richtig dicker Fisch schien Arnulf aber nicht zu sein, wie der Zusatz unter dem Schild verriet: *REGIONALDIREKTION OST*. Das klang eher nach Gummiboot als nach Segelyacht.

Meino schloss die Tür auf und verschwand sofort im Haus. Ich zögerte einen Moment. Dann beschloss ich, meine Erkundigungen auszudehnen, und folgte ihm.

Von innen wirkte das Haus nicht nur groß, sondern geradezu riesig. Allein das Wohnzimmer bot Platz für eine normale Dreiraumwohnung. Beeindruckt schaute ich mich um.

Drei opulente Ledersessel vor der verglasten Rückwand zum Garten zogen mich magisch an. Ich ließ mich auf dem mittleren nieder und versank in den weichen Polstern. Das Sofa gegenüber war doppelt so groß wie unseres, stellte ich fest und fragte mich sogleich, wo selbiges verblieben war. Nun, Platz gab es hier mehr als genug, vielleicht stand es irgendwo im Keller. Ebenso wie unser Bett. Und die Stehlampe. Nicht zu vergessen der Fernseher.

Ich lehnte mich zurück und verschränkte die Hände im Nacken.

Das also war der Grund für die Trennung. Albina war noch relativ jung, neugierig und naiv genug, sich von all diesem Luxus beeindrucken zu lassen. Obendrein hatten die bunten Frauenjournale, in denen erschreckend glückliche Prominente ihren privaten Überfluss präsentieren, ihr so den Kopf verdreht, dass sie nun meinte, ebenfalls so leben zu müssen.

Ein gedämpftes Rattern drang durch die Tür, hinter der ich Meinos Zimmer vermutete. Neulich hatte er sich damit gebrüstet, dass Arnulf ihm eine *P-Playstation* geschenkt habe. Wahrscheinlich war er mit einem Ballerspiel beschäftigt.

»Meino! Bring mir mal 'n Bier!«, rief ich zum Spaß und legte die Beine auf den gläsernen Couchtisch.

»Aha.« Eine Stimme ließ mich zusammenzucken. »Du bist bestimmt der Dirk.«

Ein wildfremder Mann stand urplötzlich vor mir und grinste mich an. Arnulf, schoss es mir durch den Kopf, das konnte nur Arnulf sein! Hastig wollte ich mich aufrichten, versank dabei jedoch tiefer im Sessel, rutschte mit der Hand von der Lehne und zappelte hilflos mit den Armen, als ich mich mit den Beinen im Couchtisch verhakte und auf den dicken Teppich plumpste. Mühsam rappelte ich mich auf und versuchte, Arnulf trotz meines misslichen Auftritts einigermaßen cool zu begrüßen.

»Genau. Und du bist also Arnulf.«

Sein Händedruck war fest, ein wenig *zu* fest für meinen Geschmack. Er war ein paar Jahre jünger als ich (Mitte dreißig) und auch ein wenig leichter (neunzig, vielleicht dreiundneunzig Kilo, schätzte ich). Sein Haar war voller als meins, etwas dunkler und im Gegensatz zu meinem akkurat geschnitten und gescheitelt.

»Verstehe das bitte nicht falsch«, erklärte ich gelassen,

nachdem ich wieder Herr der Lage war. »Ich wollte hier nicht einfach so eindringen. Also ... ich dachte, du bist arbeiten und ...«

Ich stockte und begriff, dass ich's versemmelt hatte.

»Ich arbeite ja auch.« Arnulfs Lächeln entblößte zwei Reihen weißer Zähne, eindeutig *zu* weiß für meinen Geschmack. »Homeoffice, du verstehst.«

»Klar, verstehe ich total. Na ja.« Ich räusperte mich. »Ich mach mich dann wieder ...«

»Komm, früher oder später müssen wir uns kennenlernen.« Arnulf deutete zu einer verchromten Espressomaschine auf einer Arbeitsplatte, die die Küche vom Wohnbereich trennte. »Kaffee?«

Ich hatte mir fest vorgenommen, Arnulf nicht zu mögen. Das, stellte sich jetzt heraus, war gar nicht so einfach.

Doch ich blieb dran.

»Nee«, sagte ich. »Danke.«

»Aber setzen kannst du dich wenigstens.«

»Apropos.« Skeptisch betrachtete ich die riesigen Sessel. »Wo sind eigentlich unsere ganzen Möbel geblieben?«

»In meinem Wochenendhaus. Aber die gehören Albina, frag sie selber.«

»Moment mal!«, prustete ich. »Nur, weil Albina die Sachen bezahlt hat, sind sie nicht automatisch ihr Eigentum!«

Arnulf sah mich fragend an. Also musste ich deutlicher werden.

»*Ich* habe das meiste davon ausgesucht. *Ich* habe vorgeschlagen, das Zeug zu kaufen. Faktisch gesehen bin ich der geistige Urheber des Erwerbs, so was wie der Architekt, während Albina quasi nur wie ein Bauarbeiter für die Realisierung zuständig war. Ist doch logisch, oder?«

»Hm.« Arnulf wiegte bedächtig den sorgfältig frisierten Kopf. »Vor Gericht wirst du damit kaum durchkommen.«

»*Gericht?*« Ich blies abschätzig die Luft aus den Backen. »Ich bin kein Typ, der Stress macht. Und schon gar nicht wegen irgendwelchem materiellen Kram.«

»Gute Einstellung. Geld macht nicht glücklich.«

»Stimmt. Kein Geld aber auch nicht«, gab ich trocken zurück.

»Ich werde mich nicht bei dir entschuldigen.« Arnulf wurde ernst. »Was passiert ist, ist passiert. Wir sollten das regeln wie Männer.«

»Klar.« Ich fühlte mich immer elender. »Wie sonst?«

Gedämpfte Schüsse dröhnten aus Meinos Zimmer, Explosionen waren zu hören.

Der Junge hat's gut, dachte ich. Der muss nicht rumquatschen, der nietet seine Kontrahenten einfach um. Krach! Bumm! Peng! Einfach so. Und ich? Ich stehe hier und muss mich demütigen lassen. Satz für Satz.

Aus dem Kinderzimmer drang ein Rattern, offensichtlich näherte sich Meino, aus allen Rohren feuernd, seinem Endgegner.

Ach, dachte ich, man müsste noch mal klein sein!

Etwas regte sich in mir.

Mein inneres Kind erwachte.

Was, überlegte ich beunruhigt, würde mein innerer Tiger dazu sagen, wenn er Konkurrenz bekam?

»Also, äh …« Ich räusperte mich. »Ich find's nicht so gut, dass Meino die ganze Zeit rumballert. Ich meine, er … er sollte schon auch mal an die Luft und so.«

»Logisch, halbe Stunde spielen, dann raus ins Freie«, nickte Arnulf. »Ich bin für klare Regeln.«

Regeln? Pah! *Ich* brauche keine Regeln, und am wenigsten klare!

»Ich vertraue eher meinem Instinkt«, erklärte ich stolz.

»Ich würde vorschlagen«, erwiderte Arnulf ruhig, »du klärst die Dinge bei dir zu Hause, wie du es willst, und hier bei uns entscheide ich. Okay?«

Ich ballte die Fäuste. Arnulfs bestimmtes und trotzdem freundliches, regelrecht sympathisches Auftreten ließ meine Aggressionen anschwellen.

»Übrigens«, Arnulf senkte vertraulich die Stimme, »du wirkst viel normaler, als Albina dich geschildert hat.«

Normal? Ich???

Ich zeig dir gleich, wie normal ich bin!

Das Haus bebte unter den Detonationen aus Meinos Computerspiel. Plötzlich wurde es still, er hatte seinen Gegner zur Strecke gebracht. Wenn Meino das konnte, konnte ich's auch!

Es brodelte in mir.

Ich trat einen Schritt vor.

Nimm das, du ... *nettes Arschgesicht*!

Meine Faust traf mit voller Wucht direkt unter dem Auge. Es gab ein kurzes, klatschendes Geräusch, das mich ein wenig enttäuschte. In Computerspielen klang so was wesentlich eindrucksvoller. Doch jetzt? Kein fettes *Wupp!* oder *Ufff!*, Arnulf stürzte auch nicht filmreif in berstende Möbel. Er stand einfach nur da, hielt das (immerhin) schmerzende Gesicht und rief: »Mann, was soll die Scheiße?!«

Die Erklärung, mein innerer Tiger habe zugeschlagen, erschien mir nicht recht plausibel. Also gab ich das Kommando weiter.

»Du weißt genau, warum!«, schrie mein inneres Kind.

Sollte er sich doch selbst eine Erklärung ausdenken,

schließlich hatte er die ganze Zeit über den Schlauberger gegeben!

Wortlos verließ ich das Haus.

*

Sörens Mercedes beschleunigte enorm. Als meine Hände das edle Lederlenkrad umfassten, bemerkte ich meine zitternden Finger. Ich war aufgewühlt und spürte, dass das, was ich gemacht hatte, falsch war. Aber es fühlte sich … gut an. Albina hatte gewollt, dass ich um sie kämpfte. Das hatte ich hiermit getan. Mehr noch: Ich hatte gewonnen.

Wer nach oben will, hatte Weltenmeister geschrieben, *muss nach unten treten.*

Ja, er konnte stolz auf mich sein. Denn ich hatte seinen Rat befolgt, Weichteile hatte ich nicht verletzt.

Und Meino?

Nun, der hatte seelenruhig seine eigene Schlacht geschlagen und das Scharmützel verpasst. Aus pädagogischer Sicht war das vermutlich günstig, aber insgeheim bedauerte ich, dass Meino mich nicht in Aktion gesehen hatte.

Danach hätte er seinen Vater garantiert mit anderen Augen angeschaut.

Neuntes Kapitel

Verdirbt Geld den Charakter?

Warum sollte es? Geld ermöglicht dem Individuum, die gesamte Bandbreite seiner Persönlichkeit zu entfalten. Mut, Stärke und Festigkeit sind gefragt, denn der reiche Mensch wird von Sorgen heimgesucht, die den Mittellosen nicht belasten. Dem ängstlich Zweifelnden, von Verlustängsten Geplagten wird das vermeintliche Ruhekissen eines finanziellen Polsters schnell zum malträtierenden Nagelbett.
Diebstahl, Inflation und diverse ökonomische Faktoren können den Wert des Kapitals jederzeit negativ beeinflussen. Motivationsprobleme drohen: Das Lebensziel, viel Geld zu besitzen, ist erreicht. Was kann man noch wollen? Was bietet noch Reiz, wenn man alles besitzt? Wohin reisen, wenn man überall war?
Wer arm ist, muss aktiv werden, indem er spart. Der Reiche hat das nicht nötig, denn er hat schon gespart. Sonst wäre er ja nicht reich.
Langeweile macht sich breit.
Nicht zu vergessen die gesellschaftlichen Probleme:

Wohlstand erzeugt Neid.
Es bleibt die Frage: Wie reagieren?
Abschotten oder protzen?
Nicht jedem gelingt es, die Balance in der Außenwahrnehmung zu finden. Auch der Umgang mit sogenannten Luxusproblemen (Austernallergie, Seekrankheit beim Yachting, Sonnenbrand beim Cabrio-Trip) will gelernt sein.
All dies wirft automatisch die nächste Frage auf: Löst Geld Probleme?
In einigen Fällen durchaus. Durch Korruption ist es möglich, in bestimmten Bereichen schnell und unbürokratisch ans Ziel zu gelangen. Leider drohen durch Bestechung in etlichen Regionen der Welt Konflikte mit moralischen und juristischen Institutionen, deshalb sollte dieses Mittel nur im Einzelfall eingesetzt werden.
Wir stellen fest: Geld verursacht mehr Probleme, als es löst. Es ist also gerecht, dass Menschen mit obigen Problemen mehr Geld haben als jene, die nicht damit konfrontiert werden. Nicht alle sind wohlhabend, doch die, die es sind, sollten ihren Reichtum genießen, auch stellvertretend für andere. Wem nutzt ein leckeres Essen, wenn es aus moralischen Skrupeln nicht gegessen wird?
Diese moralischen Konflikte finden sich auf vielen Gebieten. Beantworte dazu als Übung folgende Fragen*:

> - Geht es einem anderen automatisch besser, wenn es dir schlechter geht?
> - Nutzt es jemandem, wenn ein teurer Luxusartikel (Gucchi-Brille, Lamborghini, Versace-Kleid) nicht verkauft wird?
> - Hat irgendjemand etwas davon, wenn du deinen Reichtum nicht genießt?
>
> * Wenn du alle mit Nein beantworten kannst, bist du auf einem guten Weg!

Ich konnte nicht behaupten, dass das Gelesene mir einleuchtete. Doch es brachte Saiten in mir zum Schwingen, die zwar schon immer vorhanden, bisher jedoch stumm geblieben waren.

Nach einigem Nachdenken konnte ich alle drei Fragen eindeutig mit *Nein* beantworten.

Zehntes Kapitel

Ich legte das Handy beiseite und nahm den Brief von der Obstkiste, die ich mir als provisorischen Tisch aus der Küche geholt hatte. Die Bank hatte freundlich, aber bestimmt mitgeteilt, dass die *Eheleute Bergfalk* mit der Hauskreditrate in Verzug geraten seien, und *um kurzfristigen Ausgleich* gebeten.

Wir hatten das Haus vor vier Jahren gekauft, nachdem Albina zur stellvertretenden Filialleiterin ernannt worden war und seitdem über ein äußerst solides Einkommen verfügte. Mein Gehalt (achthundertvierundneunzig Euro netto) hatte eher aufrundenden oder kosmetischen Charakter gehabt. In jedem Falle war es illusorisch, allein den Kredit abzahlen zu wollen.

Mein Handy vibrierte:

> Geld ist nie weg.
> Es ist immer nur woanders.

Dass die App sich mit einer Binsenweisheit meldete, enttäuschte mich. Platte Sprüche halfen mir jetzt nicht weiter.

Beklommen sah ich mich um.

Im frühen Abendlicht wirkte das Wohnzimmer noch trostloser als am Morgen. Ich betrachtete die halbleere Anbauwand, die kahlen Wände, die Abdrücke, die Sofa und Sessel auf dem Teppich hinterlassen hatten. Es war zwar momentan kein Vergnügen, hier zu wohnen, doch es war ein eigenes Heim und besser hier, als gar nicht zu wohnen.

Ich beschloss, wenigstens die hässlichen Fußspuren, die Arnulf und seine Komplizen hinterlassen hatten, zu beseitigen. Als ich in die Küche ging, schwante mir, dass meine Pläne durchkreuzt werden würden, eine Ahnung, die beim Öffnen des Küchenschranks zur Gewissheit wurde:

Wischeimer und Schrubber waren noch da. Den Staubsauger allerdings hatten sie mitgenommen.

Die nächste Frechheit!

Ich ballte die Fäuste. Die Haut spannte über den Knöcheln. Dann richtete ich mich auf, legte den Kopf in den Nacken und sah trotzig zur Decke.

»Lässt ein Dirk Bergfalk sich davon unterkriegen?«, rief ich so laut, dass die Fensterscheiben erzitterten. »Niemals!«, antwortete ich – nicht minder laut – mir selbst.

Ich fühlte mich etwas besser. Wieder fiel mein Blick auf das Mahnschreiben der Bank in meiner Hand.

Geld ist nie weg, hatte die App geschrieben. *Es ist immer nur woanders.*

Konnte es sein, dass mehr hinter dieser Nachricht steckte? War das nicht eine konkrete Handlungsaufforderung? Nur ... indirekt?

Wenn mein Geld woanders war, dann ...

... sollte ich es mir einfach holen?

In dieser Nacht schlief ich sehr unruhig (was nur bedingt an der undichten Luftmatratze lag). Doch als ich am nächsten Morgen erwachte, hatte ich einen Entschluss gefasst.

Es wurde Zeit, dass der Tiger die Krallen ausfuhr.

Elftes Kapitel

Natürlich plagten mich Zweifel. Alles andere wäre erschreckend gewesen. Meine Skrupel waren der Beweis meiner intakten moralischen Integrität. Dass ich mein schlechtes Gewissen überrumpeln konnte, deutete ich als Zeichen meiner Entschlossenheit und Tatkraft.

Selbstverständlich würde ich mich nicht auf Kosten anderer bereichern. Ich war einfach nur flexibel und erteilte mir quasi Hilfe zur Selbsthilfe.

Die Kreditkarte des Vereins lag neben meinem Schreibtisch im Safe. Laut Vorstandsbeschluss war sie zum schnellen Einsatz bei außergewöhnlichen Ausgaben gedacht. Nur Norbert, Constanze und ich waren zur Anwendung befugt und kannten die PIN. Ich beschloss, zügig zu handeln, denn je schneller die Karte wieder im Safe lag, desto kürzer würde ich mein Gewissen belasten. Der Weltenmeister hatte diese Skrupel erwähnt:

> Es gibt nur einen, der dir im Weg steht.
> Du selbst.
> **Schalte dich aus!**

Was ich auch tat.

So erlebten wir denn ein paar aufregende Stunden, die Kreditkarte und ich. Ich kaufte solide Möbel, erwarb ein gebrauchtes, jedoch durchaus nobles Cabriolet, die neueste Spielkonsole, und da ich einmal in Schwung war, zog ich noch den Maximalbetrag aus einem Geldautomaten.

Musste ich mich schämen?

Von wegen!

Erst mein tatkräftiges Engagement im Verein hatte mich überhaupt in die Lage versetzt, diese Transaktionen durchzuführen. *Ich* hatte die Spenden und Fördergelder eingetrieben, hatte das Geld jahrelang akribisch verwaltet, also durfte ich mir in dieser Ausnahmesituation auch etwas borgen.

Was sollte schiefgehen?

Vor Jahren schon hatte Norbert jegliche Kontrolltätigkeit eingestellt, schließlich hatte er – völlig zu Recht – absolutes, blindes Vertrauen in mich, den *netten, ehrlichen Dirk*. Auch Constanze konnte mir nicht gefährlich werden. Sie stand mir zwar misstrauischer gegenüber, hatte aber keinerlei Ahnung von Zahlen und Konten. Bevor wieder Gelder vom Verein benötigt würden, wäre alles fein säuberlich zurückgezahlt.

Außer, dass ich heimlich vorging, tat ich also nichts Verbotenes.

Natürlich tat ich das alles nicht für mich. Sondern für Meino.

Wie hätte seine unschuldige Seele reagiert, wenn ich ihn wieder mit meinem alten Klapprad abgeholt hätte? Ich erinnerte mich an das Leuchten in seinen Augen, als er neben mir in der Limousine gesessen hatte; sollte dieses Leuchten etwa verlöschen? Sollte er mich nie wieder *Vati* nennen?

Nein!

Ich wollte ihm ein behagliches Heim bieten. Mehr

nicht. Und war nicht auch in der Vereinssatzung zu lesen, dass das Wohl der Kinder an erster Stelle stand?

Als ich die Karte schließlich wieder in den Safe legte, vibrierte mein Handy.

> Außergewöhnliche Entscheidungen erfordern außergewöhnliche Maßnahmen, Dirk!

Das stimmte, auch wenn ich mir eingestehen musste, dass dies die erste Situation in meinem Leben war, in der ich etwas *amtlich* Außergewöhnliches getan hatte.

Es fühlte sich gut an.

Zwölftes Kapitel

DAS KAPITALISTISCHE MANIFEST

TEIL 1

Es heißt, die Welt sei kalt, besitzorientiert, regiert von der Macht des Konsums. Aus all diesen Gründen wird der Kapitalismus verteufelt, womöglich manchmal zu Recht. Doch machen wir uns nichts vor: Der Kapitalismus hat sich weltweit durchgesetzt. Andere Systeme wie Kommunismus oder Sklavenhaltergesellschaft scheinen insgesamt weniger attraktiv zu sein. Alle Versuche, den Kapitalismus im Wettstreit der Wirtschaftssysteme von der Pole-Position zu kicken, sind zum kläglichen Scheitern verurteilt. Eine Tatsache, mit der man sich arrangieren sollte.
PUNKT!
Doch muss all das für jeden Einzelnen ein Nachteil sein?
Nein. **DOPPELPUNKT!**
Der Kapitalismus ruht auf zwei tragenden Säulen: Ausbeutern und Ausgebeuteten. Beide sind gleichwertig, denn bricht eine Säule, kollabiert das gesamte System. Jeder kann und muss selbst entscheiden, wozu er gehören will.

Die App bot einen Test mit verschiedenen Fragen zur *Bewertung des individuellen Social-Rankings* an. Schon als Kind hatte ich solche Fragebögen geliebt und machte mich sofort über die Aufgaben her. Man erhielt maximal dreißig Minuten Zeit, um fünfzig Fragen zu beantworten, die sich – scheinbar willkürlich gemischt – mit allen möglichen psychischen, physischen und sozialen Belangen des Lebens beschäftigten. Ich kam zügig voran, und nachdem ich einige geschickt versteckte Fangfragen (die offensichtlich der Ermittlung des IQ dienen sollten) identifiziert und beantwortet hatte, erschien bereits nach fünfundzwanzig Minuten das kryptische Weltenmeisterlogo und gratulierte zur erfolgreichen Teilnahme. Ein neues Fenster mit einer von rot nach grün verlaufende Farbskala öffnete sich, und mir wurde mitgeteilt, dass die App nun meinen gesellschaftlichen Status berechne:

TYP ROT:
Du bist entschlossen, direkt und risikobereit.
Du verfügst über Führungsqualitäten, einen gesunden Egoismus und bist bereit, dich unbeliebt zu machen und von anderen etwas einzufordern.
Gratulation!
Du bist der perfekte Ausbeuter!

TYP GRÜN:
Ausgleich, Harmonie und Sicherheit sind dir wichtig. Du bist beliebt, empathisch und hilfsbereit. Konflikten gehst du lieber aus dem Weg und wartest ab. Das Wohl anderer ist dir wichtiger als eigene Interessen.

> Hervorragend!
> **Du bist geboren, um ausgebeutet zu werden!**

Gespannt beugte ich mich vor. Grün oder rot? Wo würde mich die App einordnen? Ein rotierendes Dreieck füllte den Bildschirm, bis nach einigen Sekunden das Ergebnis erschien:

> KEINE KONKRETE FARBZUORDNUNG MÖGLICH!

Ich runzelte die Stirn.

> DU BIST BLASS!

»Ich bin nicht blass«, knurrte ich. »Ich bin ein Tiger!«

> Wirklich …?

»Klar!«

> **DANN BEWEISE ES, DIRK!**

Dreizehntes Kapitel

»Dirk, wir müssen reden.«

Meiner festen Überzeugung nach war die Verwendung dieses bedrohlichen Verbalkonstruktes einzig und allein Albinas Privileg. Offensichtlich aber bezog Constanze ihren Wortschatz aus demselben Waffenlager, denn mit exakt dieser militanten Floskel nahm sie mich ohne Umschweife in der Hortküche unter Beschuss. Sofort hisste ich die weiße Flagge.

»Hui, das klingt aber ernst«, entgegnete ich lächelnd. »Wird das etwa der Beginn einer wunderbaren Freundschaft?«

»Wohl eher nicht«, gab sie mit versteinerter Miene zurück. »Lass uns in dein Büro gehen. Norbert kommt auch gleich.«

*

»Ach?«, fragte ich ungläubig. »Hat dieser Arnulf mich etwa angezeigt? Wegen so 'ner Lappalie unter Männern? Woher wisst ihr eigentlich davon?«

Constanze und Norbert hatten sich vor meinem Schreibtisch aufgebaut und versuchten, mich in die Mangel zu nehmen.

»Das«, sagte Norbert in seiner gewohnt langweiligen Art, »ist doch völlig egal.«

»Das ist keine«, Constanze malte mit ihren spilligen

Fingern ein paar Anführungszeichen in die stickige Büroluft, »*Lappalie unter Männern!* Das ist Körperverletzung! Du hast einen Menschen mit voller Wucht geschlagen, Dirk!«

»Mit voller Wucht? Tsss! Wenn ich mit … *voller Wucht* zugeschlagen hätte, dann müssten wir jetzt über Totschlag reden. Machen wir aus 'ner Mücke keinen Elefanten, Jungs!« Ich überlegte einen Moment. »Und Mädels«, fügte ich dann noch hinzu, denn Gendergerechtigkeit betrachtete ich im schulischen Alltag als absolute Selbstverständlichkeit.

»Du kapierst mal wieder überhaupt nicht, was das bedeutet«, nuschelte Norbert in seinen Vollbart.

»*Ihr* kapiert nicht, was hier was bedeutet! Dieser Arnulf hat mir meine Frau weggenommen! Einfach …«, ich schnippte mit den Fingern, » … so! Und mein Kind gleich mit! Soll ich mir das einfach so gefallen lassen?«

»Dirk.« Norbert hob beschwichtigend die Hände. »Wir alle haben schon Trennungen durchlebt, ohne dass es zu Gewalt kam.«

»Dass jemand wie du sich alles gefallen lässt, ist mir schon klar!«

Mein Ton wurde rauer. Der Tiger fletschte die Zähne.

»Jetzt pass mal auf«, echauffierte sich Constance. »*Wir* müssen uns auch nicht alles gefallen lassen. Eines der obersten Prinzipien an dieser Schule ist gegenseitiger Respekt.«

»Blablabla!«, rief ich. »Vielleicht darf ich dran erinnern, dass ich als Gründungsmitglied des Vereins diese Grundprinzipien persönlich mit ausgearbeitet habe!«

»Das tut aber nichts zur Sache!« Norbert rückte die Nickelbrille zurecht. »Der entscheidende Punkt ist, dass man sich dran hält!«

Nun, vermutlich hatten die beiden mit meinem kleinen Ausraster tatsächlich ein Problem. Der Tiger fuhr die Krallen ein.

»Okay«, sagte ich. »Es war ein Fehler. Ich habe in einer Ausnahmesituation überreagiert. Wird nicht wieder vorkommen. Ich habe dem Geschädigten bereits einen persönlichen Brief geschrieben und mich aufrichtig entschuldigt. Reicht euch das?«

Das hatte ich zwar noch nicht getan, konnte es aber jederzeit nachholen.

Die beiden sahen sich unsicher an. Aus dem Flur drang das Lärmen der Kinder. Nach einer kurzen Pause ergriff Norbert wieder das Wort.

»Du hast recht, es war ein Fehler. Aber wir als Verein können nicht so tun, als wäre nichts geschehen. Wir haben uns gestern im Vorstand beraten und beschlossen, dich bis auf weiteres zu suspendieren.«

Ich war fassungslos.

»Das ist nicht euer Ernst?«

Constanze stakste einen Schritt auf mich zu. »Doch.«

»Wisst ihr überhaupt, worauf ihr euch da einlasst?«

Keine Antwort.

»Ich meine«, ich deutete zu den Papieren auf meinem Schreibtisch, »wer soll das eurer Meinung nach alles erledigen? Diesen ganzen Verwaltungswahnsinn?«

»Norbert«, sagte Constanze förmlich. »Als Mitglied des Verwaltungsrates hat er sich bereit erklärt, deine Aufgaben zu übernehmen, bis die Sache hoffentlich bald wieder vom Tisch ist.«

»Ach!«, blaffte ich. »Der Norbert also! Jetzt verstehe ich, woher der Wind weht! Der feine Herr hat keinen Bock mehr, sich mit den nervigen Gören zu beschäftigen, und sucht einen bequemen Bürojob!«

Norbert wandte sich kopfschüttelnd ab und sah angespannt aus dem Fenster.

»Jetzt komm, Dirk.« Constanze sah mich eindringlich an. »Mach es uns nicht noch schwerer.«

»Und was«, fiel mir ein, »wird aus dem Baumhaus? Das war *mein* Projekt! Ich hab's mit den Drittklässlern geplant und ...«

»Darf ich daran erinnern«, unterbrach Constanze ruhig, »dass sich insgesamt vier Kinder bei deinem ... *Projekt* verletzt haben, weil du sie ohne Aufsicht mit gefährlichen Werkzeugen hantieren lassen hast?«

»Ich hatte zu tun!« Ich deutete auf meinen Schreibtisch. »Und außerdem, was soll die Welle? Wegen ein paar Kratzern?«

»Nadine ist zwei Wochen mit einem Gipsarm rumgelaufen.«

»Und obendrein«, hakte Norbert nach, »ist dein sogenanntes ... *Baumhaus* seit letzter Woche baupolizeilich gesperrt.«

»Okay.« Es reichte, ich hatte genug und ging in die Offensive. »Wenn das von Anfang an euer Plan war, dass Norbert den Laden schmeißt, dann will ich nicht im Wege stehen!«

»Was soll die Scheiße?«, gab Norbert gekränkt zurück. »Denkst du, uns macht das hier Spaß?«

»Das«, sagte ich leise, »ist also der Dank dafür, dass ich mir jahrelang den Arsch für euch aufgerissen habe.«

Ich ging zur Tür.

»Ihr könnt mich mal. Viel Spaß noch mit eurem ... *KACK BUMMSVEREIN*!«

Knallend fiel die Tür ins Schloss.

Vierzehntes Kapitel

> **Gut gemacht, Dirk!**
> **Der Mensch ist ein soziales Wesen.**
> **Lasse andere an deinen Gefühlen teilhaben!**

Mit bebenden Fingern und rasendem Puls verstaute ich das Handy und stieg in das Cabrio. Ungerechtigkeit war mir seit jeher zuwider. Und wenn sie mir selbst widerfuhr, dann wurde ich zornig. Normalerweise trat ich dann kräftig in die Pedale meines Klapprads, jetzt trat ich aufs Gaspedal.

Der Fahrtwind kühlte meinen heißen Kopf.

Der Verein war also gewillt, auf mein Engagement und Knowhow zu verzichten? Von mir aus, bitteschön! Sie würden schnell merken, wohin das führte, und beizeiten wieder angekrochen kommen. Und wenn nicht? Auch kein Problem. War ich nicht sowieso im Aufbruch? Ich war grade dabei, den wahren Dirk ans Licht zu holen, eine berufliche Veränderung wäre da nur konsequent. Das lumpige Gehalt, das mir die Schule bot, war eh eine Unverschämtheit.

Die Sonne stand hoch am Himmel, brannte in meinem Nacken. Ich genoss die neue Erfahrung, unbezopft, wie ich seit kurzem war. Eine Weile düste ich mit offenem Verdeck ziellos durch die Stadt, bis ich beschloss, nach Hause zu fahren, wo ich einen – äußerst vernünftig klingenden – Entschuldigungsbrief an Arnulf schrieb. Als ich wieder in das Cabrio stieg, um den Brief in den Kasten zu stecken, überkam mich ein unangenehmer Gedanke.

Das Vereinskonto.

In die eine Richtung waren die Transaktionen problemlos verlaufen, mit der Rückabwicklung sah es plötzlich anders aus. Das Geld, über dreißigtausend Euro, war weg. Norbert hatte jetzt Zugriff auf das Konto, selbst ein Vollpfosten wie er musste früher oder später bemerken, dass etwas nicht stimmte.

Betrachte die Dinge relativ!, hatte Weltenmeister geschrieben. *Drehe das Vertikale einfach um 90 Grad ins Horizontale! Links, rechts, vorn und hinten, wenn juckt's?*

Stimmt. Wen juckt's?

*

»Dreißigtausend?« Sören hob die Brauen.

»Genau«, nickte ich.

»Und wofür brauchst du die?«

»Na ja …« Ich dachte kurz nach. »Also …«

Der blondierte Kopf von Sörens Assistentin erschien in der Tür. Sie erinnerte daran, dass Sören in fünfzehn Minuten einen Termin mit dem Bürgermeister habe, warf mir einen kühlen Blick zu und verschwand wieder. Hartnäckig hatte sie sich geweigert, mich ins Büro zu lassen, bis ich ihr klargemacht hatte, dass Sören und ich alte Kumpel seien.

»Ich will was Neues machen«, sagte ich. »Beruflich und so.«

»Ach, du willst an der Schule kündigen?«

»Hab ich schon. Also … aufgehört. Ich meine, der Job war schon gut, mit den Kindern und so. Aber irgendwann muss man sich neu orientieren, weißte? Jahrelang immer die gleichen Diskussionen mit immer den gleichen Leuten über die gleichen Themen ... ich muss mal raus aus der Mühle, dem ganzen Trott.«

Sören sah mich über seinen eindrucksvollen Schreibtisch hinweg an.

»Und wofür brauchst du das Geld genau?«

»Für mein Konto.«

Klar, wofür sonst?

»Als Startkapital«, fügte ich hastig hinzu, als Sören die Stirn runzelte.

»Was konkret«, fragte er, »willst du machen?«

»Na ja ...« Ich kam ein wenig ins Schlingern. »Ich hab da was in der Pipeline. Was Größeres. Also nicht mit Kindern, sondern ... mit Menschen. Und weil du doch mal gesagt hast, dass ...«

»Ja?«

»... ich was gut bei dir hätte, da dachte ich ...«

»*Dreißigtausend?*«, unterbrach Sören. »Dafür, dass du mich nach Berlin gefahren hast?«

»Nee«, wiegelte ich ab. »Du kriegst es natürlich zurück. Mit Zinsen. Und so was.«

»Pass mal auf.« Sören beugte sich vor. »So ein Neustart ist immer irgendwie geil. Aber dafür braucht man 'nen Bussinessplan. Man braucht«, er tippte sich an die Schläfe, »*Köpfchen.*«

»Hab ich«, erwiderte ich. »Mehr als genug.«

»Alles, was du hier siehst, hab ich allein aufgebaut.« Sören hob die Arme, seine Rolex blitzte am Handgelenk. »Ich kann's mir nicht leisten, mein Geld einfach so rauszuhauen. Die Kohle muss *arbeiten*. Logisch, oder?«

»Logisch.«

»Wenn du 'n Investment hast, lasse ich das von meinen

Leuten prüfen.« Sören stand auf, kam um den Schreibtisch. »Und wenn die's abnicken, steige ich ein, okay?« Er legte mir einen Arm um die Schulter, führte mich zur Tür. »Nächsten Freitag geb ich 'ne kleine Party. Ich hab Geburtstag und ...«

»Klar!«, strahlte ich. »Da bin ich natürlich dabei!«

»Cool«, nickte Sören. »Ich brauche noch jemanden, der die Lautsprecher im Garten aufbaut.«

Fünfzehntes Kapitel

»Alles Gute zum Geburtstag.« Ich reichte Sören einen Blumenstrauß, den dieser achtlos neben sich auf einen Stehtisch legte. »Coole Feier«, grinste ich.

Die Party war in vollem Gange. Nach dem Aufbau der Musikanlage hatte ich die Gelegenheit ergriffen, einfach bei der Party zu bleiben. Sörens Haus (besser gesagt sein *Anwesen*) war filmreif illuminiert. Es mussten über hundert Gäste sein, die sich im Garten und auf der Terrasse seiner Villa verteilten. Die livrierten Angestellten einer Cateringfirma füllten unentwegt Gläser nach und servierten deliziöse Häppchen. In meinen Jeans und dem karierten Hemd fühlte ich mich ein wenig unbehaglich inmitten all dieser festlich gekleideten, erfolgreichen Menschen, die sich zu dezenter Musik in kleinen Grüppchen unterhielten.

»Ich hab gehört, was passiert ist«, sagte Sören, der nach seinem vierten Martini wesentlich kumpeliger drauf war als vor ein paar Tagen. »Hätte dir nicht zugetraut, dass du jemandem eine reinhaust.«

»Ist auch sonst nicht meine Art«, entschuldigte ich mich indirekt. »Ist aber geklärt. Ich hab mich ehrlich entschuldigt. Alles wieder im Lot.«

»Trotzdem. Imponiert mir, wenn sich jemand durchsetzt. Und mal unter uns«, er senkte vertraulich die Stimme, »der Arnulf ist 'ne ziemliche Flachzange. Ein Langweiler vor dem Herrn.«

»Ach! Du kennst den?«

»Logo.« Sören rührte in seinem Martini, steckte die Olive in den Mund. »Ich hab früher mit dem zu tun gehabt. Kurz nach der Lehre, als ich noch bei der Versicherungsbude angestellt war. Der Arnulf«, sagte er kauend, »war nie Teamplayer. Ich weiß noch, wir hatten da mal 'ne Party mit der ganzen Mannschaft, drüben bei den Tschechen. Echt wilde Zeiten«, grinste er. »Champagner, Koks und Weiber, alles da.«

»Echt?«, fragte ich ungläubig. »So was gibt's wirklich?«

»Damals ja, heute unvorstellbar. Jedenfalls«, Sören leerte sein Glas, »alle waren voll am Feiern, nur Arnulf nicht. Direkt nach dem offiziellen Teil ist der einfach abgehauen. Aber wir«, er kniff ein Auge zusammen, »haben's ordentlich krachen lassen, wenn du verstehst.«

Das tat ich sehr wohl. Und dass Arnulf eine Schlaftablette war, konnte ich nur bestätigen. Auf meinen Brief hatte er sachlich und verständnisvoll reagiert. Am Nachmittag hatte er mich auf dem Handy angerufen und gemeint, die Sache sei – auch in Meinos Interesse – vergessen.

Ein echter Typ, ein echter *Charakter* mit Ecken und Kanten hätte anders geantwortet. Aber okay, es gab halt solche und solche.

Ein Knacken erklang, der DJ begrüßte die Gäste, dann scheppterte ein Diskohit aus den Boxen.

»So, jetzt wird gefeiert.« Sören nickte mir zu und schlenderte gemächlich wippend in Richtung der sich zusehends füllenden Tanzfläche. »Ach, und übrigens«, rief er mir über die Schulter zu, während er in der Menge verschwand. »Arnulf kommt auch noch! Mit Albina!«

Instinktiv zog ich den Kopf ein und ging hinter der Marmorsäule, an der ich gelehnt hatte, in Deckung. Mein eben noch stabil rotierender Sputnik der Lebensfreude wurde abrupt aus der Umlaufbahn gerissen. Das musste ich erst mal verdauen. Am besten mit Getränken. Aus den Augenwinkeln sah ich eine Lieferung in Reichweite kommen.

»Huch!« Die hübsche Hostess erschrak, als ich überraschend hinter der Säule hervorsprang.

»Hoppla, junges Fräulein!«, entschuldigte ich mich keck.

»Kein Problem«, entgegnete sie ausgesprochen freundlich.

Ich sah, dass sie Mühe hatte, das vollbeladene Tablett auszubalancieren, und nahm vorsichtshalber gleich zwei Getränke aus ihrem Angebot.

»Schöne Frauen sollen doch nicht so schwer tragen«, lachte ich, prostete ihr zu und kippte die beiden Gin Tonic ohne unnötige Zeitverschwendung hinunter.

*

Nach zehn Minuten und zwei weiteren Gläsern fühlte ich mich wieder besser. Mein Entschluss stand fest: Ich würde mich nicht verkriechen. Das Problem mit Arnulf war bereits geklärt. Und Albina? Sollte sie ruhig sehen, dass sie in meinem Leben längst keine Rolle mehr spielte. Ich würde ihr zeigen, wie happy ich drauf war.

Lässig schlenderte ich zwischen den umstehenden Grüppchen umher. Mittlerweile konnte ich kaum erwarten, dass die beiden endlich auftauchten. Zwanglos unterhielt ich mich mit einigen Gästen, schließlich sollten Albina und Arnulf sofort erkennen, dass ich zur Party gehörte und nicht nur zum Arbeiten hier war.

Unterdessen war die nette Hostess, mit der ich kollidiert war, zur guten Freundin geworden. Jedes Mal, wenn ich sie bei ihren Runden im Gedränge entdeckte, winkte ich sie schelmisch heran.

»Wie heißt du eigentlich?« Ich schnappte ein Glas und prostete ihr zu.

»Ich kellnere hier, mehr nicht. Mein Name tut da nichts zur Sache.«

Sie ging weiter.

»Lass mich raten!«, rief ich ihr nach. »Heike? Kerstin? Babett?«

Sie antwortete nicht. Ein gutes Zeichen, denn es bedeutete, dass sie sich auf mein Spiel einließ. Ich hatte sie also am Haken. Die Musik war nun deutlich lauter geworden, die wummernden Bässe kribbelten angenehm in meinem Bauch. Ich tänzelte zum Buffet, um ein paar Schnittchen zu essen. Kauend hielt ich Ausschau nach Arnulf und Albina, konnte sie aber noch immer nicht entdecken. Stattdessen tauchte meine neue Bekanntschaft wieder auf.

»Solveigh?«, rief ich mit vollem Mund. »Ute?«

Fräulein X, wie ich sie mittlerweile insgeheim nannte, reagierte nicht.

»Ich bin übrigens der Dirk«, hakte ich nach.

»Okay.« Sie blieb scheinbar unbeeindruckt.

»Dirk, wie Nowitzki«, erklärte ich mit berechtigtem Stolz und schnappte ein weiteres Glas von ihrem Tablett. Kokett drehte sie sich um und zog weiter. Das Spiel gefiel mir. Es war nur eine Frage der Zeit, bis wir uns noch näher kommen würden.

Der DJ drehte die Musik lauter, ein Abba-Song dröhnte aus den edlen Boxen. Der Mann hatte Geschmack, das musste man ihm lassen.

Ich schob eine kleine Runde auf der Tanzfläche ein. Den

Text von *Dancing Queen* hatte ich natürlich noch drauf, ich legte einen perfekten Hüftschwung hin und zeigte den verklemmten Langweilern, was ich damals während des Studiums im Aerobic-Kurs gelernt hatte. Bei einer sexy Drehung um die eigene Achse entdeckte ich Sören in der Menge und zwinkerte ihm fröhlich zu.

Es ging mir gut. Saugut.

Die Zeit verging wie im Flug.

Da *Fräulein X* nicht mehr zu sehen war, rief ich alle Namen, die mir einfielen, über die Köpfe der Tanzenden in die Richtung, in der ich sie vermutete.

»Ey! Cordula? Steffi?« Das amüsierte Lachen der Gäste stachelte mich an. »Pryscilla? Hedwig?«

Einige Partygäste hatten Gefallen an der Aktion gefunden und schrien nun ebenfalls wild Namen umher. Ich schaute mich begeistert um, die Stimmung war auf dem Höhepunkt. Schließlich entdeckte ich *Fräulein X* am Rand der Tanzfläche, und da sie mich offensichtlich immer noch zappeln lassen wollte, fand ich, dass es an der Zeit sei, die Sache endlich aufzulösen. Ich drängte mich durch die schwitzende Menge, tippte ihr von hinten auf die Schulter.

»Samantha? Barbara?«

Ruckartig drehte sie sich um, doch ohne mein erwartungsfrohes Lächeln zu erwidern.

»Ingeborg?«

Anstatt einer Antwort warf sie ihr vollbeladenes Tablett krachend zu Boden und rannte ohne Erklärung davon. Allgemeines Gejohle, höhnischer Applaus und allerlei Rufe hallten in der Runde.

Ich blies die Backen auf und wackelte mit dem Kopf. *Typisch Frau*, gab ich damit auf meine witzige Art zu verstehen, *erst anfangen und dann nicht weiterspielen.*

Wenn ich auch nicht direkt bei *Fräulein X* gelandet war – in jedem Fall hatte ich die Lacher auf meiner Seite und war das Partyhighlight des Abends.

Außer für Arnulf und Albina. Die tauchten eine halbe Stunde später auf, nickten mir von weitem zu und tanzten den ganzen Abend eng zusammen, ohne sich für den Rest der Party zu interessieren.

Langweiler eben.

Ich selbst hatte eine Menge Spaß, bis mir irgendwann jemand auf die Schulter tippte: »Dirk? Bist du das?«

Sechzehntes Kapitel

Als ich erwachte, saß Patrizia aufrecht neben mir in meinem schicken neuen Bett. Im Morgenlicht wirkte sie deutlich weniger attraktiv als noch am Abend zuvor auf Sörens Party.

Noch bevor ich ein zerknautschtes *Guten Morgen* herausbringen konnte, stellte sie klar: »Erstens, zwischen uns ist nichts gelaufen. Du warst stockbesoffen. Und zweitens: Eigentlich wäre ich schon längst weg, aber dann hab ich das hier gesehen. Was ist 'n das?«

Sie hielt mir einen dünnen Papierstapel entgegen. Blinzelnd erkannte ich die Screenshots der wichtigsten Weltenmeister-Texte, die ich ausgedruckt und im Flur an die Wand gepinnt hatte.

»Ach«, wiegelte ich ab, »nichts weiter.«

Ich war unsicher, ob ich ausgerechnet jemandem, den ich seit über zwanzig Jahren nicht gesehen hatte, von meiner mysteriösen Verbindung zu einer App berichten sollte. Patrizia war am Gymnasium eine Klasse über mir gewesen, wir hatten uns ab und zu auf Partys getroffen und nach dem Abitur aus den Augen verloren.

»Sag mal«, ich lenkte das Gespräch auf ein anderes Thema, »ich wusste gar nicht, dass du Sören kennst.«

»Wir haben ab und zu geschäftlich zu tun«, sagte sie, wieder in ihre Lektüre vertieft.

»Und was genau«, hakte ich nach, »macht ihr beide so?«

»Immobilien«, beschied Patrizia knapp. »Nun sag schon«, sie wedelte mit den Papieren, »was ist das?«
»Gefällt's dir?«, fragte ich zurück.
»Das ist … irgendwie irre.« Sie las vor:

> Wenn jeder jedem was klaut, haben alle was.

»Das«, fragte ich, »findest du … *irre*?«
»Aber auch geil.«
»Absolut.«
»Oder das hier:«

> Schaffe Abhängigkeiten! Nutze dein Umfeld, Freunde, Bekannte und Familie! Mit Geschenken ist es leicht, gezielt Druck aufzubauen!
> Je größer das Geschenk, desto größer der Druck und die zu erwartende Gegenleistung!

»Lieber Himmel«, murmelte Patrizia. »Das liest sich wie Carnegie und Coelho zusammen, aber irgendwie – krasser.« Sie bemerkte meinen verständnislosen Blick. »Du weißt schon, diese wahnsinnig erfolgreichen Motivationsgurus.«
»Ach so.«
»Wer hat das geschrieben?«
»Äh … na ja …«
»Von dir«, meinte sie herablassend, »ist es ja wohl nicht.«
»Wie jetzt?«, gab ich zurück. »Traust du's mir etwa nicht zu?«

»Also, ehrlich gesagt …« Sie bedachte mich mit einem spöttischen Blick. »Nein.«

»Aha!« Ich richtete mich auf, stützte mich auf den Ellbogen ab. »Und wieso nicht?«

»Also das hier«, Patrizia wedelte mit den Ausdrucken, »hat was Radikales, was *Geniales* sogar. Und das …«

»Ja?«

»… sehe ich bei dir nicht. Du bist …«

»Ist aber von mir«, unterbrach ich schnell, bevor sie ihre wahrscheinlich höchst unpassende Bemerkung hervorbringen konnte. »Tja, haste dich wohl getäuscht.«

»Echt?«

Ohne es mir anmerken zu lassen, genoss ich, wie sie mich halb prüfend, halb bewundernd von der Seite anschaute.

»Also, Respekt«, meinte sie schließlich. »Hätte ich dir nicht zugetraut.« Sie stupste mich vertraulich in die Seite. »Sieh an, was aus dem kleinen Müsli-Dirk geworden ist.«

»*Müsli-Dirk?*«

»So haben dich doch alle genannt. Überleg mal, wie du rumgerannt bist. Zopf, Latzhose, Norwegerpulli … und jetzt düst du mit 'nem Cabrio durch die Gegend.« Patrizia wandte sich wieder den Ausdrucken zu:

> Nichts Kapitalistisches ist dem Menschen fern.
> Und doch fremdeln arm und reich,
> sind nicht bereit, sich selig der Umarmung
> des wirtschaftlichen Wohlbehagens hinzugeben.

»Das ist mal was anderes als dieses ewig gleiche Gewinsel, von wegen die Reichen sind böse und die Armen lieb und werden nur benutzt.«

»Genau«, nickte ich.

Patrizia ließ die Papiere sinken.

»Wo nimmst du das her?«

Ich zuckte die Achseln. »Zwölf Semester Sozialpädagogik.«

»*Sozialpädagogik?*« Sie verzog das Gesicht. »So 'ne Versagerscheiße?«

»Also ... klar, ich hab schnell gemerkt, dass das, was die da lehren, nicht so richtig funktioniert. Und ... na ja, dann hab ich mir eben meine eigenen Gedanken gemacht«, sagte ich und sah dabei bewundernd auf ... *meine Texte*.

Patrizia faltete die Blätter zusammen. »Gibt's noch mehr davon?«

»Klar.«

»Das muss man rausbringen.«

»Wie ... *rausbringen*?«

»Veröffentlichen.«

»Das ist nicht so einfach, Patrizia. Da müsste man erst ...«

»Quatsch!«, beendete sie die Diskussion. »Ich kenne da jemanden.«

Siebzehntes Kapitel

DAS KAPITALISTISCHE MANIFEST

TEIL 2

Die Zeit der historisch gewachsenen Klassen ist vorbei. Im Zeitalter der digitalen Revolution ist niemand mehr bereit, freiwillig *unten* zu bleiben, wenn man im Internet jederzeit erfahren kann, wie leicht es ist, nach *oben* zu kommen. Es entsteht eine Schieflage, die einer geschickten Organisierung bedarf. Die Kategorisierung »oben ist gut« und »unten ist schlecht« war gestern. Ein Platz im sogenannten unteren Teil der Gesellschaft kann ebenso erstrebenswert sein. Wer unten ist, muss nicht nach oben klettern (was, nebenbei gesagt, schlecht für die Gelenke ist).
Und, wer weiß das nicht? Die oben stehen, sind diejenigen, die den Gegenwind abbekommen. Den Letzten beißen die Hunde? Nein, der Letzte steht gemütlich und sicher im Windschatten!
Proletarier aller Länder vereinigt euch!, schrieb Marx.
Wer zählt sich heutzutage noch freiwillig zum Proletariat? Der einst stolze Prolet ist längst ausgestorben, der Rest zum plumpen Vollproll

degeneriert. Aus dem Proletariat ist ein Heer, eine
Armada aus Ich-AGs geworden. Jeder kämpft
für sich selbst. Und nein, dies ist weder falsch
noch zu verurteilen, denn ausschließlich jene, die
sich durch einen sanften, durchsetzungsstarken
Egoismus verwirklichen, sind in der Lage, der
Gesellschaft etwas zurückzugeben und positiv auf
ihre Umwelt zu wirken.
Wir wollen es als *reziproken Egoismus*
bezeichnen.
Den eigentlichen Kern des Kapitalismus.
Im Wesentlichen, das haben Marx und seine
Kollegen erläutert, basiert die wirtschaftliche Funktionsweise des Kapitalismus auf einem simplen
Tauschgeschäft: Zeit gegen Geld.
Und wie bei jedem guten Tauschgeschäft: Einer
wird beschissen. Im besten Falle sogar zwei.
Der Arbeitgeber durch geschönte Bewerbungen,
gefälschte Krankschreibungen und unfähige
Mitarbeiter. Der Arbeitnehmer durch ungenießbares Kantinenessen, Mobbing und schlechte
Bezahlung.
Win-win?
Im Gegenteil.
Lose-lose.
Es ist allerdings möglich, dass beide Seiten
gewinnen, ohne die andere zu besiegen.
Das scheint unmöglich, doch wer hätte zum
Beispiel damit gerechnet, dass China, der
turbokapitalistischte Staat der Welt, quasi unter
kommunistischer Führung entstand?

Warum also ist der Kapitalismus so erfolgreich? Er macht es dem Menschen einfach, indem er ihn behaglich in seiner leichten Beschränktheit verweilen lässt. Alles wird zur Ware: Ob Blumentopf, Senf, Nilpferd, Bügeleisen oder Popsong – all dies kann im Eiltempo direkt ins Haus geliefert werden. Portofrei! CO_2-frei! Mit Rückgaberecht! Alles ist zu haben.
Obwohl es niemand braucht.
Doch gerade hier offenbart der Kapitalismus die gesamte Bandbreite seiner Pfiffigkeit: ein perfekt organisierter Kreislauf aus werbetechnisch erzeugtem Bedarf, welcher über bequem abwickelbaren Konsum genau so weit gedeckt wird, dass binnen kürzester Frist das Verlangen erwächst, selbiges Spiel von vorn zu beginnen. Ist diese nimmer endende Konsumschleife aus Reiz, Lust und Befriedigung nicht das kongruente Adäquat des menschlichen Sexuallebens? Das ewige Karussell aus Partnersuche, Anbahnung und Geschlechtsverkehr:
Balzbalz – Höckhöck – Stöhnstöhn.
Wir alle werden von unseren Trieben gesteuert. Der Kapitalismus entspricht in seiner Wesenhaftigkeit perfekt diesem menschlichen Naturell. Meist sind es Überstülpsel moralischer Natur, die uns hindern, die Gegebenheiten des aktuell prosperierenden Wirtschaftssystems skrupellos zu nutzen. Es ist an der Zeit, die bisher verdeckten Sonnenseiten des Kapitalismus zu offenbaren. Zeit, den Kapitalismus aus der Schmuddelecke zu holen,

der lange genug der Buhmann der Gesellschaftsformen war! Es gibt ihn, den Kapitalismus mit menschlichem Antlitz. Wir machen den Kapitalismus zum Ponyhof, oder anders gesagt:

Make the Kapitalismus great again!

Die Globalisierung ermöglicht, was bisher undenkbar schien:

KAPITALISTEN ALLER LÄNDER VEREINIGT EUCH!

Achtzehntes Kapitel

»Ruhe, ihr Arschgeigen!«

Sörens zerzauster Kopf erschien im Fenster. Sein Fluchen galt den Mitarbeitern der Cateringfirma, die ihren Kleintransporter direkt unter seinem Schlafzimmer scheppernd mit Kisten schmutzigen Geschirrs und anderen Überbleibseln der Party beluden. Als sie den wütenden Sören erblickten, sprangen sie eilig in ihr Fahrzeug und machten sich davon.

Kurz darauf kam Sören verkatert aus der Villa auf die Terrasse. Er hatte einen weißen Bademantel übergestreift und ein Glas Milch in der Hand.

»Mach erst mal den Rasen!«, rief er einem Gärtner zu, der gerade damit beschäftigt war, die Zufahrt zum Anwesen zu fegen. »Und räum den ganzen Mist weg, das sieht ja furchtbar aus!«

Der Gärtner sah ihn hilflos an.

»Den *Ra-sen ma-chen*!«, wiederholte Sören, als spräche er mit einem Kleinkind und fuchtelte wild mit den Armen »Zufahrt *e-gal*!«

Schlecht gelaunt schlurfte er über die große Wiese auf mich zu.

»Tja«, ich war damit beschäftigt, die Boxen abzubauen, »gutes Personal ist schwer zu finden.«

»Pah. Von wegen.« Er blinzelte in die Mittagssonne. »*Früher* war's schwer, gutes Personal zu kriegen. Heute gibt's gar keins mehr. Du findest einfach keine Leute.«

»Und Deutsche gleich gar nicht«, ergänzte ich.
Sören musste lachen.
»Ist gestern noch was gelaufen mit Patrizia?« Er nippte an seiner Milch.
»Patrizia? Äh, na klar. War ganz gut.«
»Du bist der richtige Typ für nach dem Aufstehen«, grinste Sören und zündete sich eine Zigarette an. »Da krieg ich automatisch gute Laune.«
Als kategorischer Nichtraucher hatte ich früher oft mit Albina gestritten (sie rauchte bis zu acht Zigaretten am Tag), doch als mir Sören kumpelhaft seine Schachtel anbot, griff ich zu.
»Du brauchst also Kohle«, stellte er fest und gab mir Feuer. »Ich könnte dir da was vermitteln.«
»Okay«, hustete ich. »Wie viel?«
»Ich meine 'nen Job.«
»Logo. Und was wäre das für'n ... *Job*?«
»Verkaufen. Alles Mögliche.« Sören wedelte mit der Kippe durch die Luft. »Keine Ahnung, was die grad haben.«
»Aha.«
»Hab ich früher auch gemacht. Versicherungen, Geldanlagen und so. Ist 'ne Ewigkeit her, damals war's natürlich einfacher als heute. Da hast du irgendwo geklingelt oder angerufen, und jeder Dritte hat dir was unterschrieben oder abgekauft, selbst wenn's der absolute Schrott war. Die Leute waren so gierig. Und dumm wie Möhreneintopf. Ist heute nicht mehr. Alle wissen Bescheid und sind vorsichtig geworden. Aber wenn man's clever anstellt, wächst noch gut was rum. Ein alter Kumpel von mir«, er blies den Rauch aus, »macht das immer noch. Der hat 'ne gute Truppe und ist immer auf der Suche nach Leuten. *Fähigen* Leuten. Männern mit Überzeugungskraft.«

»Und was«, fragte ich und zog tapfer an meiner Zigarette, »muss ich da genau machen?«

»Mein Kumpel hat jede Menge Adressen. Von allen möglichen Leuten, die bei Kaffeefahrten und so mitmachen. Die kannst du vorher antelefonieren und dann hinfahren. Oder du gehst auf Kaltaquise.«

An meinem ratlosen Blick erkannte Sören, dass ich keine Ahnung hatte.

»Einfach auf Zufall irgendwo klingeln. Ist aber schwieriger.«

»Ist das denn legal?«

»Aber so was von.« Sören aschte in sein halbvolles Milchglas. »Du raubst ja niemanden aus. Man muss die Leute nur überzeugen, dass sie dringend was brauchen, was sie in Wirklichkeit absolut *nicht* brauchen. Und dann gibt's Bargeld. Steuerfrei.«

»Verstehe.«

»Klar, ist erst mal hart. Allerdingds wenn man gut ist …«

»So wie du?«

»Genau!«, grinste Sören. »Die größte Erfolgsquote hast du ganz klar bei den Alten. Also, ran an den Rentner!« Er hielt schon sein Handy ans Ohr. »Ralf!«, rief er ins Telefon, »ich hab hier jemanden für dich. War noch nicht im Verkauf. Ist 'ne Jungfrau.«

»Aber zu allen Schandtaten bereit!«, rief ich ironisch von weitem in den Hörer.

Sie redeten eine Weile. Die Sache schien perfekt zu laufen.

»Und womit«, wollte Sören zum Abschluss wissen, »dealt ihr gerade?« Er lauschte einen Moment. »Ah! Kochtopfsets für siebenhundert Euronen?«

»Wow«, sagte ich. »Das müssen aber richtig gute Töpfe sein.«

Sören prustete vor Lachen.

»Was hab ich gesagt, Ralf! Mit dem Typen wirst du viel Freude haben!«

*

Als ich nach Hause kam, fühlte ich mich elektrisiert wie seit Jahren nicht mehr. Ich war gespannt auf all das Neue, das mich erwartete. Vor ein paar Tagen noch hatte ich in meinem muffigen Büro im Erdgeschoss der Freien Kreativschule gesessen, nun schien es, als läge das alles schon seit Ewigkeiten hinter mir.

Jetzt taten sie mir fast leid, Norbert, Constanze und all die anderen Wichte mit ihren kleinkarierten Sorgen und Prinzipien.

Nun, sie hatten ihr Elend selbst gewählt.

Manchmal, davon war ich überzeugt, muss man mutig sein und große Schritte wagen. Und mein Schritt *war* mutig! Ich wusste, worauf ich mich einließ.

Doch, ich würde es schaffen. Jemand wie ich, der seit Jahren im Umgang mit Kindern erfahren war, würde mit Rentnern genauso gut klarkommen. Trotz aller Unterschiede betrachtete ich beide als prinzipiell gleich: sowohl Kinder als auch Rentner sind aufgrund ihres Alters nur bedingt zurechnungsfähig.

Eines allerdings stand fest: Ich würde ehrlich bleiben, niemanden übers Ohr hauen und immer nett und freundlich sein. Dankenswerterweise war das Produkt, das es zu veräußern galt, ja unverfänglich: Töpfe. Die konnte man ein ganzes Leben lang gebrauchen, im Gegensatz zu Versicherungen oder windigen Finanzanlagen, die einen schnell in den Ruin treiben können.

Sicherlich, siebenhundert Euro für ein paar Töpfe

waren schon recht happig. Doch selbst wenn eine Oma meinetwegen finanziell ein paar kleine Nachteile erfahren sollte, würde sie durch mich wenigstens angenehme soziale Kontakte haben. Und gerade für ältere Menschen war das doch noch immer das Wichtigste. Was nutzte es ihnen, auf ihrem Geld zu sitzen, wenn sie dabei einsam waren?

Und eines war natürlich auch klar: Mein nächster Job war nur die erste, kurze Stufe auf dem Weg nach oben. Wie hatte es Weltenmeister beschrieben?

> Der Weg ist steinig,
> also achte auf festes Schuhwerk!
> Erfolg ist machbar!

Ja, es wurde Zeit, meine Talente in den Dienst einer neuen Sache zu stellen.

Meiner eigenen.

TEIL 2

Wenn jeder an sich selbst denkt,
ist an alle gedacht.

Neunzehntes Kapitel

»Was ist?« Albina klang gereizt. »Wir hatten vereinbart, keine Anrufe.«
»Nur SMS, ich weiß.« Ich stand im Wohnzimmer, das Handy am Ohr. »Aber es ist wichtig. Es geht um Meino.«
»Gut«, erwiderte sie nach einer kurzen Pause etwas entspannter.
»Wie geht's ihm?«, begann ich vorsichtig.
»So weit okay.«
»Ich mache mir Sorgen, weil ich ihn so wenig sehe.«
»Er vermisst seinen Vater. Manchmal fühlt er sich einsam.«
»Schön. Ich meine«, verbesserte ich mich hastig, »schade.«
»Er hat dich seit drei Wochen nicht gesehen.«
»Mein neuer Job – da geht's gerade echt ab und …«
»Klar«, lachte Albina auf. »In einer halbkriminellen Drückerkolonne!«
»Unfug!«, protestierte ich. »Keiner in unserer Truppe ist vorbestraft!«
Das stimmte nicht ganz. Wir waren zu fünft unterwegs, jeder natürlich für sich. Wenn wir in anderen Städten übernachteten, gingen wir nach dem Job manchmal gemeinsam etwas trinken. Sicherlich, als diplomierter Sozialpädagoge war ich deutlich überqualifiziert für meine neue Arbeit, und Timo, Hase, Leander und Ulrike waren nicht unbedingt die hellsten Kerzen auf der Backware.

Doch im Gegensatz zu mir hatten sie Erfahrung im Business.

Es gab viel zu lernen, und ich lernte schnell. Selbst von Timo, dessen intellektuelle Leuchtkraft gegen null ging. Er war ein ziemlicher Schrank, doch im Grunde ein gutmütiges Wesen. Es sei denn, jemand meinte, Witze auf Kosten seiner kognitiv niedrigen Fallhöhe machen zu müssen. Dann konnte es geschehen, dass er etwas ... nun ja, ungehalten wurde. Logisch, wenn einer wie Timo vorbestraft war. Allerdings nicht wegen illegaler Haustürgeschäfte, sondern schlichter Körperverletzung.

Ich unterließ es, Albina über den nicht unerheblichen juristischen Unterschied aufzuklären.

»Es ist mir egal, womit du dein Geld verdienst.« Der gereizte, standardmäßig in ihren Werkseinstellungen gespeicherte Unterton kehrte zurück. »Nimm dir einfach Zeit für Meino.«

»Aber ich hab mir ja schon Zeit genommen!«, erklärte ich stolz.

»Schön. Und für wann?«

»Gestern.«

»Wie jetzt?« Sie klang unsicher.

Ein Winseln drang durch die geschlossene Küchentür.

»Ich hab Meino gestern einen Hund besorgt«, sagte ich.

Am anderen Ende der Leitung herrschte einen Moment Stille.

»Du hast ... *was?!*«

»Einen Hund. Als Ersatz, weil ich keine Zeit hab. Wir könnten ihn Dirk nennen.«

»Spinnst du?«

»Dann hat Meino jemanden zum Knuddeln. Natürlich nur für den Übergang. Wenn's bei mir richtig läuft, hab ich wieder mehr Zeit und dann ...«

»Dann geben wir ihn wieder weg, oder wie?«

Das Winseln wurde lauter. Krallen kratzten an der Küchentür.

»Nee, der ist richtig süß. Und teuer war er auch.«

Eigentlich hatte ich den Dackel umsonst aus dem Tierheim geholt. Doch ich hoffte, Albina mit diesem sachlichen Argument zu überzeugen.

»Er ist sogar stubenrein«, fuhr ich deshalb fort. »Bei euch hat er doch Platz, gerade im Garten. Ich dachte, ich bringe ihn morgen vorbei und …«

»Bei *uns*?« Albinas gereizter Grundton kippte bedrohlich ins Hysterische. »Vielleicht weißt du ja noch, warum ich schon vor Jahren kein beschissenes Haustier wollte?«

Das war definitiv keine rhetorische Frage, doch dankenswerterweise schrie sie sich die Antwort selbst ins Telefon: »Ich hab 'ne TIERHAARALLERGIE!«

Na toll! Es war wie früher: Wenn Albina in einer Diskussion nichts mehr einfiel, kam sie mit Argumenten!

»Na und?« Auch ich wurde langsam pampig. »Deshalb ist der Hund ja auch für Meino und nicht für dich!«

»Schieb dir deinen Drecksköter in deinen verschissenen Arsch!«, schrie Albina. »Merk dir das!« Ihre Stimme überschlug sich, schepperte aus dem Hörer: »Du VOLLVERBLÖDETER HODENGNOM!«

*

»Tja. Dann bleibst du eben bei mir.«

Der Dackel sah schwanzwedelnd zu mir auf. Ich setzte mich auf das neue Sofa und sah mich im Wohnzimmer um. Dort, wo früher das Bücherregal gestanden hatte, stapelten sich jetzt Kisten mit Topfsets bis knapp unter die Decke.

Bisher hatte ich kein einziges verkauft. In meiner noch jungen Karriere als Trader hatte ich mit diversen Hemmnissen und Widrigkeiten zu kämpfen. Allein das Eindringen in die Wohnungen war oft unmöglich, weil vorgelegte Türketten den Zugang verhinderten oder rabiate Bewohner den Weg versperrten. Wenn diese Hürden genommen waren, versuchte ich mit viel Geduld und Einfühlungsvermögen zu überzeugen, denn natürlich lag es mir fern, meine Kunden einzuschüchtern oder gar zu bedrängen, doch irgendwann …

Mit einem kurzen Bellen holte mich das Tier aus meinen trüben Gedanken.

Das Tier?

»Du brauchst erst mal einen Namen.«

Ein niedliches Winseln, als wolle der kluge Hund mir zustimmen.

»Dirk«, überlegte ich laut, »kann ich dich nicht nennen, da kommen wir durcheinander. Obwohl es passen würde.« Ich ging in die Hocke, kraulte das wuschlige Fell. »Schon allein wegen deiner niedlichen Augen.«

Die Abenddämmerung brach an. Ich dachte eine Weile nach und kam zu dem Schluss, dass die Zeiten, in denen Albina mir alles vorgeschrieben hatte, vorbei seien. Endlich lag die Entscheidung allein bei mir.

Ich nannte den Hund trotzdem Dirk.

Ätsch!

Dirk der Zweite.

Zwanzigstes Kapitel

»Guten Morgen, Frau Wondraschek!«, strahlte ich. »Heute ist Ihr Glückstag!«

Die alte Dame starrte mich misstrauisch durch den Türspalt an. Ich war ein wenig außer Atem, der Aufzug des maroden Hochhauses war defekt, also hatte ich den schweren Koffer bis ins sechste Stockwerk schleppen müssen. Unterwegs hatte ich vergeblich an über zwei Dutzend Wohnungen geklingelt. Jetzt, da Erfolg nahte, setzte ich ganz auf meine positive, mitreißende Energie.

»Sie haben doch bestimmt ein bisschen Zeit für mich. Ich jedenfalls«, ein kurzer Schritt und *schwupps!*, stand ich im Flur, »habe mir gaaaanz viel Zeit genommen für Sie!«

Blitzschnell sondierte ich die Lage. Die Frau war über achtzig, offensichtlich alleinstehend, die Wohnung entsprechend eingerichtet: Plüschsofa, gehäkelte Deckchen und geblümte Tapeten.

Perfektes Terrain.

»Sie sind also die Frau Wondraschek. Freut mich, Sie kennenzulernen. Sagen Sie mal«, ich riss verwundert die Augen auf, »glauben Sie eigentlich an Liebe auf den ersten Blick? Oder muss ich noch mal reinkommen?«

Die alte Dame nestelte an ihren Lockenwicklern und konnte sich ein verlegenes Kichern nicht verkneifen.

»Kleiner Spaß«, fuhr ich fort und wuchtete meinen Lederkoffer auf das Sofa. »Aber was rede ich da. Spaß?« Ich zwinkerte ihr schelmisch zu. »Wir sind ja ungefähr im selben Alter.«

Ein weiteres Kichern.

»Ach!« Ich langte mir an die Stirn. »Ich hab mich ja gar nicht vorgestellt! Wie unhöflich, gerade bei einer so charmanten Lady. Mein Name ist Bergfalk.« Eine höfliche Verbeugung, ich reichte ihr die Hand. »Dirk Bergfalk.«

Sie gab ein paar genuschelte Silben von sich. Offensichtlich gab es Probleme mit dem Gebiss, und so war ich nicht sicher, ob sie sich als Frieda oder Elvira vorstellte.

»Hervorragend!«, lächelte ich trotzdem.

Schleimiges Verkäufergehabe war nicht mein Ding, ich vertraute auf meinen jungenhaften Charme. Umgehend öffnete ich den Koffer, breitete den Inhalt auf dem Teppich aus und begann, die Vorzüge meiner Produkte zu erläutern.

»Eloxiertes Titan, doppelt beschichtet!« Ich kniete zwischen den Töpfen und Pfannen. »Extrem hitzebeständig, spülmaschinenfest und natürlich«, ich klopfte mit dem Knöchel gegen einen Pfannenboden, »echte deutsche Wertarbeit, Frau Wondraschek.«

»Aha.«

Die Augen der Dame wanderten zwischen den Kochgeräten und mir hin und her. Staunend lauschte sie meinen plastischen Schilderungen, bis ich schließlich zum schwierigsten Teil der Arbeit kam: dem Finanziellen.

»Frau Wondraschek«, sagte ich ernst. »Sie wissen, Qualität hat ihren Preis.«

Schon immer war es mir unangenehm gewesen, von irgendjemandem Geld zu verlangen, egal wofür. Im Gegensatz zu Albina, *sie* hatte damit natürlich keine Probleme, nicht umsonst arbeitete sie bei einer Bank. Dass sie mich wegen eines dubiosen Finanzberaters verlassen hatte, war alles andere als Zufall.

»Eigentlich«, murmelte die Alte, »habe ich schon genug Töpfe. Ich weiß gar nicht, wo ich die alle unterbringen ...«

»Keine Panik!«, lachte ich. »Die Entsorgung übernehme ich natürlich! Kostenfrei!«

Klar, es ging hier ums Geschäft. Doch Mensch zu bleiben war mir mindestens ebenso wichtig.

»Und was«, fragte sie unsicher, »soll das alles kosten?«

Das Mütterchen war mir sympathisch, also gab ich meinem Herzen einen Stoß.

»Alles zusammen«, ich deutete auf die blitzenden Töpfe, »siebenhundert Euro. Inklusive Polierschwamm und Spezialreiniger«, fügte ich hastig hinzu, als die alte Dame die Augen aufriss. »Ich weiß, das ist sehr viel Geld, aber weil Sie es sind, gebe ich Ihnen alles für sechshundertsiebzig. Ich will ja nichts dran verdienen.«

»Ach.«

»Ich bin Pädagoge«, erklärte ich. »Hauptberuflich arbeite ich an einer Schule, die sich in erster Linie aus Spenden finanziert. Der Erlös der verkauften Töpfe kommt also den Kindern zugute.«

Das war nicht gelogen, schließlich war ich nur suspendiert, mein Arbeitsvertrag noch nicht aufgehoben. Dazu kam, dass ich die Provision (dreihundertelf Euro pro Topfset) tatsächlich nicht für mich, sondern für die Schule brauchte, um mein heimliches Darlehen zu tilgen.

»Es ist also«, sagte ich gutmütig, »im Prinzip für einen guten Zweck.«

Die Wondraschek nestelte am Kragen ihrer Nylonschürze.

»Siebenhundert ...«

»Nein, nein! Nur *Sechs*hundert!«, verbesserte ich. »Sechshundertsiebzig.«

»Oh Gott«, murmelte sie mit dünner Stimme. »So viel hab ich gar nicht in der Wohnung.«

»Aber *lieeeebe* Frau Wondraschek!« Ich breitete die Arme aus. »Das ist doch für zwei wie uns kein Hindernis! Sie haben bestimmt eine EC-Karte, oder?«

»Ja sicher, aber ...«

»Dann machen wir beide jetzt einen gemütlichen Spaziergang zum Geldautomaten, und schon ist das Problemchen gelöst!«

Sie schien nicht recht überzeugt.

»Ein bisschen frische Luft«, gab ich noch etwas Entscheidungshilfe, »wird uns beiden guttun. Ich hole schon mal Ihre Jacke.«

Frohen Mutes lief ich zur Garderobe, als plötzlich das Festnetz klingelte. Ehe ich mich versah, war die gebrechlich wirkende Alte mit unvermuteter Behenz am Hörer.

»Meike, meine Kleine! Ja, mir geht's gut.«

Allem Anschein nach war jemand aus der Familie am anderen Ende der Leitung. Vermutlich eine Enkelin.

»Ich hab Besuch«, plapperte die Alte drauflos. »Von einem netten jungen Mann.«

Mir blieb nichts übrig, als zu warten, den grauen Wollmantel anziehbereit in den Händen.

»Ja, der ist von der Schule. Was der will?«

Sonst interessiert sich die Jugend nie für alte Leute, grübelte ich gereizt. Warum ausgerechnet jetzt, kurz vor meinem ersten Verkauf? Ich lächelte ein wenig angestrengt in Richtung der mir nun zunehmend unsympathisch erscheinenden Großmutter.

»Na, das ist der mit den Töpfen! Für die Kinder!«, faselte sie weiter. »Wir gehen jetzt zum Geldautomaten und ...«

Durch Gesten und Kopfschütteln versuchte ich, die Alte vom weiteren Schwadronieren abzuhalten, denn so, wie sie die Situation schilderte, musste für ihre Enkelin unweigerlich der Eindruck entstehen, jemand wolle ihrer Oma die Rente aus der Kittelschürze ziehen.

»Genau, eigentlich siebenhundert Euro, aber der Dirk verdient ja nichts dran. Was? Ja, ich gebe ihn dir.«

Sie drückte mir den Hörer in die Hand. Im ersten Moment war ich überrumpelt, fing mich aber schnell. Jetzt war diplomatisches Geschick gefragt.

»Hallo Meike«, begann ich entspannt. »Keine Angst, deiner Omi ...«

... geht's gut, hatte ich sagen wollen, doch dazu blieb keine Zeit, denn durch den Hörer blies mir ein eisiger Sturm entgegen.

»Pass auf, du verfluchter Wichser.« Meike kam sofort zur Sache. »Ich steige jetzt ins Auto und bin in fünf Minuten da. Gnade dir Gott, wenn irgendwas in der Wohnung nicht so ist, wie's sein sollte.«

»Aber Meike«, versuchte ich's noch mal im Guten, »es ist mitnichten so, wie du es dir womöglich gerade ausmalst. Deine Omi ...«

»Halt's Maul!« Der tiefen Stimme nach zu urteilen war sie ziemlich kräftig gebaut. »Ich trete dir dermaßen in die Eier, dass sie dir zu den Ohren rauskommen!«

»Ach ja?!« Ich wurde wütend. »Plötzlich ist dir deine Omi wichtig? Sonst interessiert sie dich einen Scheißdreck, aber wenn's um Geld geht, bist du dicke da, was? Du hast doch nur Schiss, dass du nicht genug erbst und ... hallo?«

Aufgelegt.

Meine Worte schienen nicht nur direkt, sondern auch sehr laut gewesen zu sein, wie ich dem entsetzten Blick meiner Kundin entnahm. Meiner *ehemaligen* Kundin, musste ich mich verbessern.

Was hatte dieses hyperventilierende Schrapnell am Telefon prognostiziert?

In fünf Minuten hier?

Hastig wägte ich die Optionen ab. Zum ersten Mal in meiner Karriere hatte ein Verhandlungspartner deutlich signalisiert, meine Produkte zu erwerben, trotzdem entschied ich, das Verkaufsgespräch an dieser Stelle zu beenden. In wenigen Minuten drohte ein lokaler Weltkrieg. Als diplomierter Erzieher wusste ich von der Gefahr, die emotionalisierte Jugendliche für ihre Umwelt darstellen können.

Wenn sich die Jugend im Recht fühlt, wird sie zum Tier. Und diese Meike fühlte sich *sehr* im Recht.

Was hatte ich beim Weltenmeister gelesen?

> Führe nur die Kriege,
> die du auch gewinnen kannst!

»Tut mir leid.« Hektisch begann ich, meine Sachen einzusammeln. »Ist nicht meine Schuld, Frau Wondraschek, aber ich muss los.«

Ich kam mir vor wie ein Feigling, doch ich war nicht Timo, der die wütende Meike lässig an einer Hand aus dem Wohnzimmerfenster im sechsten Stock gehalten hätte.

»Schade.« Die Alte klang enttäuscht.

Ich stopfte die Töpfe in den Koffer. In meiner Aufregung gelang es mir nicht, die Schnallen zu schließen, also klemmte ich das lederne Ungetüm unter den Arm, drängte mich an der Wondraschek vorbei in den Flur und versuchte, mit dem Ellbogen die Klinke der Wohnungstür zu drücken. Es gelang mir erst im zweiten Anlauf, und als ich endlich im Hausflur stand, entglitt der Koffer meinen schweißnassen Händen und die Hälfte des Inhalts krachte scheppernd auf die harten Fliesen.

»Scheiße!«

Erneut begann ich, meine Sachen aufzuklauben. Die Alte stand in der Wohnungstür. Anstatt mir zu helfen, glotzte sie mich nur dämlich an. Das verstärkte meinen Ärger.

»BÄH!«, schrie ich und streckte ihr die Zunge raus.

Ich sah noch, wie sie erschrocken zurücktaumelte.

Dann rannte ich die Treppe hinab davon.

*

Wenig später saß ich zerknirscht daheim auf dem Sofa. So dicht hatte ich noch nie vor einem Verkauf gestanden, und dann dieser ärgerliche Rückschlag! Wieder keine Einnahmen!

Die Raten für das Haus waren fällig.

Ich musste etwas tun.

Also rief ich Ralf an, in dessen Auftrag ich schließlich unterwegs war. Er schien erfreut und erkundigte sich interessiert nach den Geschäften. Sachlich legte ich ihm dar, dass es zwar eine gewisse Verzögerung, ansonsten aber keinen Grund zur Besorgnis gebe, mein Businessplan sei bombenfest ausgearbeitet. Ich berichtete von familiären Problemen und bat um einen kleinen Vorschuss. Dieses Ansinnen wiederum schien mit Ralfs bombenfestem Businessplan zu kollidieren, denn er meinte unterkühlt, ich solle mich nicht so anstellen und einfach die Töpfe verkaufen wie alle anderen auch, worauf ich freundlich entgegnete, dass es nicht an mir liege. Vielmehr sei es so, dass die Attraktivität des Produktes (Topf) nicht mit der sympathischen Manpower des Verkäufers (Dirk) mithalten könne.

Ralf wurde ausfallend und schrie, schon vielen Idioten einen Job gegeben zu haben, doch ich sei der Erste, der nach sage und schreibe drei Wochen keinen einzigen Abschluss zustande gebracht habe. Das konnte ich nicht auf mir sitzen lassen. Also reagierte ich in ähnlichem Duktus und legte ihm nahe, sich seine dämlichen Topfsets unter die Vorhaut zu massieren, worauf Ralf erwiderte, ich möge sie beruhigt in mein Gesäß schieben, da sie bereits mir gehörten. Die Rechnung, fügte er wutschnaubend hinzu, sei bereits mit der Post unterwegs und in drei Tagen fällig. Meine ihm zugedachten Segnungen, die in erster Linie mit schwer verlaufenden Krankheiten und diversen Verwachsungen im Unterleibsbereich zu tun hatten, erreichten ihren Adressaten nicht mehr, da dieser das Gespräch bereits abrupt beendet hatte.

Realistisch, wie ich nun einmal war, musste ich mir nach einer kritischen Analyse des Gesprächsverlaufs eingestehen, dass ich mein Ziel, einen finanziellen Vorschuss zu erwirken, insgesamt deutlich verfehlt hatte.

Das machte mich sauer.

Einundzwanzigstes Kapitel

»Vati war in letzter Zeit viel geschäftlich unterwegs.« Ich sah Meino ernst an. »Aber jetzt kann ich dich öfter aus der Schule abholen. Da haben wir wieder mehr Zeit für uns. Ist das nicht toll?«
Der Junge stand gelangweilt neben mir im Flur.
»So.« Ich senkte bedeutungsvoll die Stimme. »Heute ist dein Glückstag, denn jetzt kommt eine Überraschung!«
Ich wartete einen Moment und riss schwungvoll die Küchentür auf. Meino schaute mich erwartungsvoll an, doch nichts geschah. Normalerweise schoss in diesem Moment immer der Dackel aus der Tür und stürzte sich umgehend auf seinen Futternapf. Aus unerfindlichen Gründen blieb er diesmal fern.
»Huhu!« rief ich. »Na? Wo ist er denn? Wo ist denn mein Kleiner?«
Ich nahm den verwunderten Meino an die Hand und führte ihn durch den Flur in Richtung Wohnzimmer.
»Ja wo ist er denn? Wuffi! Wuffi!«
Nichts regte sich.
Gerade als wir ins Wohnzimmer einbiegen wollten, preschte der Hund wild bellend aus der Tür. Meino schrie erschrocken auf, und nur, weil ich ihn noch fest an der Hand hielt, krachte er nicht rückwärts gegen den Flurspiegel.
»Aus! Aus! Ruhe, hab ich gesagt! Dirk der Zweite! Aus!«
Meino fixierte das kläffende Etwas in einer Mischung aus Furcht und Abscheu.

»Ist der nicht süß?«, versuchte ich, das ohrenbetäubende Gebell zu übertönen. Ich wandte mich wieder an den Dackel. »Aber jetzt ist Ruhe! Aus! Das ist doch der Meino! Brauchst keine Angst zu haben!«

Das Bellen ging in ein Knurren über.

»Da staunste, was?«, strahlte ich Meino an. »Der ist für dich!«

»Hä?« Meinos Augen weiteten sich hinter den dicken Brillengläsern. »Warum? So was will ich nicht«, brachte er auffallend flüssig hervor.

»Warte doch erst mal ab. Ihr braucht ein bisschen Zeit, um euch aneinander zu gewöhnen.«

Behutsam streckte ich meine Hand aus, was mit einer neuerlichen Kläffattacke quittiert wurde.

»Hab ich extra für dich gekauft«, sagte ich. »Er heißt …«

Ich zögerte. *Dirk der Zweite* erschien mir plötzlich nicht mehr passend für das aufgebrachte Tier. Besser wäre es, wenn Meino sich selbst einen Namen ausdenken würde. Also bat ich um einen Vorschlag.

»K-k-keine Ahnung.«

Aus seiner Miene schloss ich, dass ihm der Hund und dessen Name völlig schnuppe waren. Trotzdem versuchte ich geduldig, seine Begeisterung zu wecken, und unterbreitete selbst zahlreiche Ideen: »Wie wär's mit Fluffi? Oder Purzel?«

Meino trat missmutig von einem Bein aufs andere.

»Oder eher was Flottes?«, versuchte ich es weiter. »Etwas Modernes wie Hulk? Oder Terminator?«

»Mir egal«, brummte Meino und schlurfte in sein Zimmer.

Das enttäuschte mich, und ja, es machte mich wütend. Wieder hatte ich mir Gedanken gemacht, es gut gemeint, und was war der Dank? Ich schloss die Wohnzimmertür (worauf der Dackel sich sofort beruhigte) und folgte Meino, der in seinem leeren Zimmer auf dem Boden hockte und darauf wartete, dass die Playstation hochfuhr.

»Na schön.« Ich lehnte mich an den Türrahmen. »Du beschwerst dich, dass du keine Freunde hast. Da kauft man dir einen, und dann ist es auch wieder falsch.«

»Ich hab mich überhaupt nicht b-b-beschwert!«

»Ich weiß trotzdem, dass es so ist. Schließlich hab ich das mal studiert. Außerdem bin ich dein Vater.«

Meino drückte ein paar Knöpfe auf seinem Controller. Der Bildschirm, den ich auf einem leeren Bierkasten abgestellt hatte, flackerte auf. Aus pädagogischer Sicht lehnte ich Computerspiele natürlich ab, in erster Linie hatte ich ihm die Playstation spendiert, um Arnulf mit einem neueren Modell auf der Meino'schen Beliebtheitsskala abzuhängen. Zunächst war mir das auch gelungen, doch die Wirkung hatte bereits deutlich nachgelassen.

»Okay«, seufzte ich nach einer Weile. »Ich hab's versucht. Aber wenn du nicht willst, dann machen wir jetzt eben Hausaufgaben.«

Meino bedachte mich mit einem empörten Blick und erklärte, *keinen B-Bock* zu haben, doch ich bestand darauf. Genervt folgte er mir in die Küche, krachte seinen Ranzen auf den Tisch und fläzte sich auf einen Stuhl. Ich nahm gegenüber Platz.

»Was hast du bis morgen zu erledigen?«

»E-Ethik«, knurrte Meino.

»Ah – Ethik!«, nickte ich. »Tolles Fach. In deinem Alter wäre ich froh gewesen, wenn ich so interessante Fächer gehabt hätte. Und was genau musst du machen?«

Meino sah gelangweilt aus dem Fenster. Oder zählte er etwa heimlich die toten Fruchtfliegen? Na, das würde ich ihm aber austreiben!

»Jetzt lass dir nicht jeden Satz einzeln aus dem Mund ziehen!«, rief ich, mittlerweile deutlich enerviert, so dass aus dem Wohnzimmer ein erschrockenes Kläffen drang.

»Nase«, meinte Meino nach einer längeren Pause.

»Was, *Nase*?«

»Nase!«, verbesserte mich Meino. Er klang herablassend, stotterte aber nicht. »Das heißt nicht *aus dem Mund*, sondern *aus der Nase ziehen.*«

Herrje, ich hatte mich zu einem Fehler provozieren lassen! Jetzt hieß es, die Kontrolle zu behalten. Sonst konnte es schnell passieren, dass Meino den kurzen Moment meiner Schwäche erkennen und dauerhaft ausnutzen würde. Das war kein negativer Zug in Meinos Charakter, nein, Kinder sind prinzipiell so.

Blitzschnell reagierte ich.

»Gut erkannt, Meino!«, lobte ich. »Ich wollte nur mal testen, ob du auch wirklich zuhörst. Natürlich heißt es Nase. Weiß ich doch. Du kleiner …«, ich beugte mich lächelnd vor und gab ihm einen Stups, »*Naseweis.*«

Die Situation war gerettet.

Trotzdem kam ich nicht umhin, Meino noch zu vermitteln, dass ich auch auf einem Nebenkriegsschauplatz, und zwar dem Hals-, Nasen-, Rachenraum, ein ihm überlegener Gegner war. In einem improvisierten Vortrag klärte ich ihn auf, dass die Lautbildung über Luftröhre, Stimmbänder, Zunge und Lippen, also primär über den Mund stattfinde, woraus zu folgern sei, dass es sachlich gesehen richtiger wäre, einen Satz aus dem Mund statt aus der *Nase zu ziehen.*

»Aber das nur nebenbei«, beendete ich meine Erklärung.

*

In Meinos Hausaufgabe ging es um das gesellschaftliche System und die politischen Institutionen der Bundesrepublik Deutschland.

»Ein spannendes Thema!«, nickte ich ernst. »Das Wichtigste am demokratischen System sind ja nicht die Institutionen. Sondern ...?«

Ich ließ einen Moment verstreichen. Meino verschränkte die kurzen Arme und bedachte mich mit einem vorwurfsvollen *Du weißt's doch sowieso, Alter, also sag's mir einfach*-Blick.

»Das Wichtigste sind die ... na?«

Nichts. Nur ein Achselzucken.

»*Menschen!*«, erklärte ich. »Wir! Alle! Du und ich, Meino! Jeder da draußen im Land ist wichtig!« Der bloße Klang meiner Worte brachte den inneren Motor sofort auf Umdrehung. »Wir müssen uns einbringen in die demokratischen Prozesse und mitbestimmen! Verantwortung übernehmen und sie mit Inhalt und Leben erfüllen! Wir müssen gemeinsam gestalterisch handeln!«

Intuitiv stand ich auf.

»Das heißt, es ist unser Recht, aber zugleich auch unsere staatsbürgerliche *Pflicht*, die Entwicklung des Systems nicht nur zu beobachten, sondern simultan immer wieder kritisch zu hinterfragen!« Ich stieg auf den Stuhl. »Demokratie darf keine Einbahnstraße sein! Und keine Sackgasse! Aber auch kein Kreisverkehr!«

Meino sah zu mir auf.

»Sondern ein ... ein ...«

Jetzt, da ich nicht mehr weiter wusste, vibrierte mein Handy auf dem Küchentisch. Eine Nachricht des Weltenmeisters ploppte auf:

> NICHT NUR REDEN, SONDERN TUN!

»Genau«, seufzte ich erlöst. »Demokratie lebt keinesfalls vom Schwingen großer Reden, sondern von aktiv gestaltendem Tun!«

Nicht zum ersten Mal in meinem Leben hatte ich das Gefühl, dass am Ende eines meiner Sätze Applaus fehlte. Ich stieg beseelt vom Stuhl.

»Dann m-mach doch auch was!«, platzte Meino in meine Ergriffenheit. »U-und quatsch nicht nur!«

»Na, na, na. Nicht so vorlaut, Freundchen.«

Doch wie ich insgeheim zugeben musste, hatte er recht.

»Klar«, nickte ich. »Ich werde was machen, das wirst du schon noch sehen. Ich bin politisch schon immer sehr gut aufgestellt und könnte auch in eine Partei eintreten. Was heißt *eine*?« Ich hob die Arme. »Ich bin dermaßen engagiert, ich könnte in *alle* Parteien eintreten! Die würden mich alle mit Kusshand nehmen! So, jetzt weißt du Bescheid und füllst mal dein Arbeitsheft aus.«

*

Meinos schroffe Ansage hatte etwas in mir aktiviert. Ich musste an meinen früheren Kumpel denken: Thorben, wir hatten zusammen studiert. In letzter Zeit war der Kontakt eingeschlafen, aber noch vor vier, fünf Jahren hatten wir in regem Mailverkehr gestanden. Immer wieder hatte er mich ermuntert, mich in seiner Partei zu engagieren. Damals hatte ich abgelehnt, doch …

… warum nicht jetzt?

Während Meino lustlos an seinen Hausaufgaben kritzelte, ging ich zum Computer und schrieb eine Mail:

Von: dirk.b.@freiekreativschule.de
An: thorben.beissert@linke-liste.com

Betreff: Engagement

Hallo Thorben,
wir haben ja lange nichts voneinander gehört, wie geht es dir denn? Mir geht es gut. Ich bin seit kurzem von Albina getrennt und habe deshalb endlich Zeit, mich politisch zu engagieren. Bitte melde dich diesbezüglich.

Viele Grüße
Dein Dirk

Meino erklärte seine Hausaufgaben für beendet und ging zur Toilette. Als er an der geschlossenen Wohnzimmertür vorbeilief, ließ ihn ein erneut aufjaulendes Dackelinferno zusammenschrecken.
»Na?«, fragte ich optimistisch. »Wollen wir noch mal rein zu ihm?«
»Nee, ich will heim.«
Eigentlich war mit Albina vereinbart, dass Meino über Nacht bei mir bleiben würde. Sein Kinderzimmer war zwar noch immer leer, doch ich hatte eine Isomatte und einen Schlafsack besorgt, um es ihm gemütlich zu machen. Dass er auf einen urigen Vati-Sohn-Abend keine Lust mehr hatte, machte mich traurig, aber ohne Proteste brachte ich ihn zurück. Selbst die Fahrt im Cabrio besserte seine Laune nicht, mit einem kurzen, lieblosen *T-Tschüss* schlug er die Beifahrertür zu und trottete davon.

Das Gartentor schloss sich hinter ihm. Ich sah, wie er mit hängenden Schultern auf das Haus zustapfte. Der Ranzen schleifte neben ihm auf dem Kies. Zu wissen, dass Albina in dieser luxuriösen Villa auf ihn wartete, während ich allein und verlassen in die Kargheit eines fast leeren Reihenhauses abgeschoben wurde, gab meinem Herzen einen Stich.

Zweiundzwanzigstes Kapitel

> In der modernen Gesellschaft genießen Kinder den größtmöglichen Schutz. Das ist prinzipiell richtig, doch das Vorurteil, sie als Hindernis auf dem Weg zum Erfolg zu betrachten, ist nicht von der Hand zu weisen. Selbstverständlich sollte man ihnen keine Vorwürfe machen, sie sind nun einmal da. Es wäre falsch, ihnen die Schuld für ihre Existenz zu geben. Andererseits lässt sich feststellen, dass ein Kind aufgrund verschiedener Abhängigkeiten geeignet ist, gezielt als **Türöffner** eingesetzt zu werden.

Die Dämmerung hatte eingesetzt. Ich schloss den Laptop, schaltete das Licht ein und nahm wieder am Küchentisch Platz. Der Dackel lag schlafend vor der Spülmaschine. Als ich nach Hause kam, hatte er mich zu meiner großen Überraschung schwanzwedelnd begrüßt. Das beruhigte mich, denn seine Ablehnung galt also nicht mir. Offensichtlich mochte er einfach keine Kinder.

Ich momentan auch nicht. So waren wir Verbündete.

Beim ersten Eindruck erschien die These des Weltenmeisters hart und unmenschlich. Doch wenn man sachlich darüber nachdachte, musste man den wahren Kern des Textes anerkennen. Ich hatte mich nie gescheut, auch unbequeme Überzeugungen zu vertreten.

Zum Beispiel die Überbevölkerung.
Wer verursachte sie?
Kinder.

Natürlich führte diese Erkenntnis zu einem zwangsläufigen Konflikt mit der eigenen Elternschaft. Doch in dieser Hinsicht traf mich keine Schuld, denn es war Albina, die Meino unbedingt gewollt und auch gegen meinen Willen zur Welt gebracht hätte.

Das Kind im Allgemeinen war also nicht nur positiv zu bewerten. Im Gegenteil, global betrachtet war es Verursacher etlicher Probleme. Aus pädagogischer Sicht war es mir wichtig, einen Heranwachsenden mit diesen Fakten zu konfrontieren.

Als Meino sieben Jahre war – alt genug also, um solche Dinge zu verstehen –, hatte ich ihn behutsam darüber aufgeklärt, dass es für das ökologische Gleichgewicht der Erde besser wäre, wenn es ihn nicht gäbe; schließlich führte die Befriedigung seiner ganz natürlichen Bedürfnisse zu einem massiven Verschleiß an globalen Ressourcen.

Meino machte dies zwar traurig, doch ich wusste schon damals, dass meine Botschaft wie ein Same in ihm reifen und dafür sorgen würde, dass er als Erwachsener verantwortungsvoll mit unserer bedrohten Natur umging.

Nichtsdestotrotz war es eine harte Wahrheit. Um Meino zu trösten, erklärte ich ihm, dass es nicht um ihn persönlich gehe, er sei im Prinzip austauschbar. Doch Mutti und Vati, versicherte ich ihm, hätten ihn trotzdem ganz doll lieb.

Diese Direktheit mag ungewohnt erscheinen, aber ich habe Kinder – egal welchen Alters – immer als vollwertige Persönlichkeiten betrachtet. Und das aus eigener Erfahrung, denn als kleiner Junge hätte ich mir nichts sehnlicher gewünscht, als einen Erwachsenen, der Gleiches mit mir getan hätte.

Doch das war nie geschehen.

Im Gegenteil. Wenn ich mir damals über etwas Gedanken gemacht hatte und mich mit einem Erwachsenen austauschen wollte, bekam ich die immer gleichen derben Sprüche zu hören:

»*Überlass das Denken den Pferden, die haben den größeren Kopf!*«

Diese Zurückweisungen verletzten mich, denn niemand wollte anerkennen, dass ich einfach nur klüger und reifer als meine Altersgenossen war. Heutzutage werden solcherlei Kinder mit Prädikaten wie *hochbegabt* oder *inseltalentiert* bedacht. In meiner Jugend lebte man halt noch in der pädagogischen Steinzeit. Systemunangepasste Charaktere wie ich wurden schlicht als Querulanten abgestempelt.

Der Dackel stupste mich am Hosenbein und sah zu mir auf.

»Du hast Hunger, was?«

Ein zustimmendes Kläffen.

Ich ging zum Regal über der Spüle. Der Hund tippelte aufgeregt neben mir her. Für seine Ernährung hatte ich mir etwas Besonderes erdacht: eine Experimentalstudie. Seit Jahren bezweifelte ich vehement, dass die von der Industrie gepriesenen *Tiernahrungsmittel* tatsächlich für jede Gattung explizit ausgewogen waren, also hatte ich beschlossen, dem Hund jeden Tag eine andere Mahlzeit zu verabreichen.

Am Vorabend hatte es Whiskas gegeben. Heute nahm ich eine Dose Fischfutter und kippte den Inhalt mit etwas Wasser in den Napf. Gierig machte sich der Dackel über die glibberige Pampe her. Ich griff zum Notizbuch, in dem ich sein Fressverhalten in einer von mir speziell entwickelten Tabelle festhielt.

Ich kraulte dem fressenden Hund den Nacken. »Ich glaube, wir brauchen einen neuen Namen für dich.«

Dirk der Zweite – sosehr mir der Name auch gefiel, in der täglichen Anwendung erwies er sich als unpraktisch.

Damals, als Albina schwanger war, hatte ich den Namen meines Großvaters vorgeschlagen, mit dem ich zwar nur verschwommene, aber sehr angenehme Erinnerungen verband. Albina hatte diese Idee im Handstreich als völlig inakzeptabel vom Tisch gefegt.

Doch heute konnte mein einstiger Wunsch endlich Wirklichkeit werden. Hier und jetzt, bei meinem Dackel, sollte mir niemand mehr in die Parade fahren!

Feierlich kniete ich nieder, schlug ein Kreuz über dem mampfenden Hund und verkündete salbungsvoll: »Hundetier – dackelgeprägtes! Getauft seist du hiermit, auf den Namen Karl-Heinz. Prost!«

Dreiundzwanzigstes Kapitel

Gut gelaunt ging ich ins Wohnzimmer, um die liegengebliebene Post abzuarbeiten. Die meisten Schreiben (Sparkasse und andere aufdringliche Institutionen) wanderten ungeöffnet auf den Stapel der Briefe, um die ich mich später kümmern würde (also nie).

Ein Brief aber machte mich stutzig. Er stammte von einer gewissen *Doktor Sorgenfrei Homeservice – Handelsagentur & Co. KG.* Als ich den Umschlag öffnete, stellte ich zu meinem Entsetzen fest, dass diese Firma Ralf gehörte, der mir dreißig *Rosetti Premium Edelstahl-Topfsets inkl. Zubehör* mit insgesamt elftausendsechshundertsiebzig Euro in Rechnung stellte, zahlbar sofort. An das Schreiben war die Kopie eines von mir unterschriebenen Vertrags angeheftet. Im Kleingedruckten stand – netterweise mit gelbem Edding hervorgehoben –, dass die Sets bei Unterzeichnung zum Stückpreis von dreihundertneunundachtzig Euro in meinen Besitz übergingen. Die Summe sollte aus den Verkaufserlösen beglichen werden, wurde jedoch umgehend fällig, wenn einer der Vertragspartner kündigte.

Ich schüttelte fassungslos den Kopf.

Sollte das rechtens sein? Das war doch juristischer Unfug!

Missmutig betrachtete ich die hässlichen Kartons mit den Töpfen, die sich als klagendes Mahnmal meines Misserfolgs an der Wohnzimmerwand stapelten.

Ich öffnete den Laptop, googelte nach identischen Töpfen und stellte fest, dass ein komplettes Set auf eBay für neunundzwanzig Euro neunundneunzig verscherbelt wurde.

Mehr als das Zehnfache sollte ich zahlen! Das war Betrug, ganz klar! Aber nicht mit mir! Keinen Cent würde dieser kriminelle Bastard für seinen Schrott bekommen! Und wenn ich dafür vor Gericht bis nach Brüssel zöge! Jeder Anwalt würde mir recht geben und …

Der Gedanke an einen Anwalt versetzte meiner Kampfeslust einen herben Dämpfer. Wovon sollte ich den bezahlen? Mein Dispo war fast ausgeschöpft, außer ein paar hundert Euro vom abgezweigten Vereinsgeld besaß ich nichts mehr. Noch nie in meinem Leben hatte ich mir Sorgen um meine materielle Existenz gemacht. Jetzt musste ich feststellen, dass ich buchstäblich am Abgrund stand.

Ich brauchte dringend frisches Kapital.

Was war mit dem Haus?

Albina hatte behauptet, dass nach einem Verkauf angesichts des Kredites kaum etwas übrig bleiben würde. Aber das ließ sich prüfen. Ich öffnete diverse Immobilienportale, um die aktuellen Preise zu vergleichen, und stieß dabei auf ein äußerst interessantes Werbebanner: Eine Agentur vermittelte Locations für Dreharbeiten einer Serienproduktion und bot dreihundertfünfzig Euro pro Tag. Dreihundertfünfzig Argumente, die mich sofort überzeugten. Ich klickte auf einen Link und registrierte mich.

In meiner Situation musste jeder Strohhalm genutzt werden. Ich spürte wieder Hoffnung. Und schon meldete sich der Weltenmeister auf meinem Handy:

> Kleine Brötchen sind besser als keine Brötchen!

Ich war ehrlich gerührt. Dass ich zu einem Unbekannten, der mir anonyme Nachrichten schickte, eine ernsthafte emotionale Bindung entwickeln würde, wäre noch vor wenigen Wochen undenkbar gewesen. Doch ich hatte mich dem Außergewöhnlichen und Neuen geöffnet und erntete nun wahrhaftige Freude.

Diese währte nur kurz.

Es klingelte.

Vierundzwanzigstes Kapitel

Norbert stand auf dem Fußabtreter und sah mich finster an.

»Das ist ja 'ne Überraschung«, sagte ich, ohne mich verstellen zu müssen.

»Ich denke, du weißt, warum ich hier bin.«

Ich hatte mit einem Brief oder einer E-Mail gerechnet, in der man mich über die Unregelmäßigkeiten informierte und zu einem Gespräch einlud. Dass Norbert persönlich hier aufkreuzte, war nicht vorhersehbar gewesen.

»Äh, nein. Komm doch erst mal rein.«

Norbert folgte mir wortlos in die Küche. Karl-Heinz, der dösend neben dem Mülleimer lag, fletschte bei seinem Erscheinen knurrend die Zähne. Mir wurde warm ums Herz, das gute Tier teilte meine Empfindungen.

»Ich hab ihn aus dem Tierheim geholt«, sagte ich. »Er war fast verhungert, ich päpple ihn ein bisschen auf. Um irgendjemanden muss ich mich ja kümmern. Jetzt«, fügte ich traurig hinzu, »wo ich nicht mehr bei den Kindern sein kann.«

Norbert kraulte verlegen den Vollbart.

»Willst du was trinken?«, fragte ich. »Kaffee? Tee? Oder 'n ehrliches Bier?«

»Wasser reicht.«

Ich ging zur Spüle, füllte ein Glas, reichte es ihm und deutete betont zerknirscht in den leeren Flur. »Naja, Luxus sieht anders aus.«

Er setzte sich an den Tisch. »Da kannst du ja jeden Euro gut gebrauchen.«

»Wer nicht?« Ich nahm gegenüber Platz. »Unser Gehalt, beziehungsweise *euer* Gehalt, muss man ja jetzt sagen, ist nun wirklich nicht üppig.«

Norbert nestelte am Kragen seines gebatikten Hemdes.

»Also«, sagte ich. »Du hast jetzt bestimmt ordentlich zu tun mit deinen neuen Aufgaben. Gibt's Probleme? Frei von der Leber weg, wie kann ich helfen?«

Norbert sah abwechselnd in sein Glas und zum Fenster. Dann richtete er sich auf.

»Es geht um die Finanzen.«

»Ach.«

»Ich habe jetzt alle Konten durchgeschaut. Um's kurz zu machen: Es gibt einen Fehlbetrag von über dreißigtausend Euro.«

Mein Nacken begann zu kribbeln.

»Echt?« Ich schüttelte den Kopf. »Mannomann, dreißigtausend …«

»Einunddreißigtausendvierhundertzwölf.«

»So ein paar kleine Fehlbeträge sind ja normal. Es gibt immer mal 'ne Quittung, die verlorengeht. Aber sowas …«, ich stieß geräuschvoll die Luft aus, »das ist 'ne ganz schöne Hausnummer.«

Norbert sah mich über den Rand seiner Nickelbrille an. Ich wich seinem durchdringenden Blick aus, bemerkte die toten Fruchtfliegen hinter ihm auf dem Fensterbrett und stellte fest, dass sich die Anzahl seit meiner letzten Zählung mindestens vervierfacht haben musste.

Eins, begann ich unwillkürlich. *Zwei. Drei.*

Der Knall, mit dem Norbert sein Wasserglas auf den Tisch stellte, unterbrach mich.

Ich hob den Kopf. »Und?«

»Was ... *und*?«, gab er gereizt zurück.

»Hast du schon 'ne Erklärung?«

»Die würde ich gern von dir hören.«

»Von *mir*?« Ich breitete die Arme aus. »Norbert, du hast dich regelrecht gerissen um den Job. Und jetzt soll *ich* ihn für dich erledigen? Echt, ich finde dein Verhalten wirklich nicht ...«

»HALT DIE SCHNAUZE!«

So wütend hatte ich Norbert noch nie erlebt. Ich erschrak. Karl-Heinz, der winselnd aus der Küche lief, ebenfalls.

»Die Karte ist mehrmals benutzt worden«, presste Norbert hervor. »Und zwar in der Woche, bevor du beurlaubt wurdest.«

»Krass.« Meine Augen weiteten sich verwundert.

»Die Geldkarte lag in deinem Büro«, sagte Norbert ruhig.

»Willst du etwa sagen, dass ... *ich*?« Ich straffte mich empört. »Ihr beide, Constanze und du, hattet genauso Zugriff aufs Konto wie ich!«

Norbert griff nach dem Wasserglas, stellte es wieder ab.

»Dirk.« Er machte eine bedeutungsvolle Pause. »Du weißt, wie eng es um die Schule steht. Wir brauchen die Kohle. Die Ämter haben uns sowieso schon auf dem Kieker. Wenn da irgendwas rauskommt, dann machen die uns den Laden dicht.«

»Nicht uns«, korrigierte ich. »*Euch.*«

»Wie du meinst.« Norbert stand auf. »Ich hab keinen Bock mehr auf dieses kranke Theater. Ich gebe dir drei Wochen Zeit, das zu regeln. Wenn nicht ...«, seine Augen verengten sich feindselig, »dann melde ich das.«

*

Ich hörte, wie die Haustür hinter Norbert ins Schloss fiel, und plapperte unwillkürlich seine letzten Worte nach: *Wenn nicht, dann melde ich das ... hädädädädä!*

Typisch Norbert, was für ein uncooler Molch! Eine Petze wie aus dem Kindergarten! Er selbst hat nicht die Courage, die Dinge zu regeln. Also delegiert er sie an andere. Bloß keine Verantwortung übernehmen!

Ach, ich war so froh, dieser kleinkarierten, spießigen Schulenge entkommen zu sein! Jahrelang hatte ich mich aufgerieben, mein Büro war für alle offen gewesen, es war wie im Taubenschlag zugegangen. Und? War mir jemals gedankt worden? Ganz zu schweigen von einer finanziellen Belohnung! Diese lächerlichen dreißigtausend Euro, waren sie nicht eine mehr als gerechtfertigte Entschädigung für meine Mühen? Nach allem, was ich für die Schule getan hatte?

Karl-Heinz kam mit klackernden Krallen herbeigetapst.

»Schade, dass du kein Kampfhund bist.« Ich kraulte seinen flauschigen Nacken. »Aber vielleicht bist du ja schlau? Ich könnte dich dressieren, und dann kackst du diesem Norbert in seine hässlichen Ökoschuhe, ja?«

»*Wuff!*«, erwiderte Karl-Heinz.

Die Abendsonne schien in die Küche, spiegelte sich im Wasserglas auf dem Tisch. Norbert hatte nichts daraus getrunken. So klar wie das Wasser war auch die Situation.

Es gab kein Zurück mehr. Hatte ich etwa Böses im Schilde geführt, als ich mir das Geld borgte? Nein, mein Plan war gewesen, alles zurückzuzahlen. Doch Norbert und Constanze mussten ja unbedingt den Sheriff spielen.

Sie wollten Krieg, nicht ich.

Nun, dann sollten sie ihn auch haben.

Die beiden würden schnell merken, dass sie auf den Falschen geschossen hatten.

Fünfundzwanzigstes Kapitel

> Lass dich nicht nass machen!
> Pass auf, dass du nicht baden gehst!
> **Wenn doch, denk an den Regenschirm!**

Karl-Heinz, der zwischen meinen Füßen vor der Parkbank lag, sah überrascht zu mir auf, denn ich konnte mir ein Lachen über den neuen Spruch des Weltenmeisters nicht verkneifen. Der Morgen war sonnig, eine milde Brise ließ die Äste der Kastanien über meinem Kopf rascheln. Ich verstaute das Handy in der Hosentasche und dachte nach.

Zweifelsfrei arbeitete die Botschaft mit Elementen des Witzes, doch intelligente Menschen wie ich, die über einen wachen Verstand verfügten, waren in der Lage, den wahren Kern dieser scheinbar absurden These herauszulesen, bevor ihn Wellenmeister mir erklärte:

> Verteidige dich mit ungewohnten Waffen!
> Wenn man dich mit Origami bedroht,
> wehre dich mit Kung Fu
> und begehe **auf keinen Fall** Harakiri!

Das sollte meine Strategie sein, um Gegner wie Ralf und Norbert auszuschalten. So zu denken war mehr als außergewöhnlich, aber das war ich nun mal:
Etwas *Besonderes*.
Entweder, man liebte es an mir. Oder eben nicht.
Dieses *Besondere* war es auch, das mich vor Jahren Albinas Herz hatte wie im Sturm erobern lassen.

*

Die ersten Monate waren wunderschön. Tage, gefüllt mit glückseligster Frischverliebtheit. Dann allerdings wurde Albina schwanger – ungewollt –, und die Dinge begannen, sich zu ändern.
Plötzlich legte sie Wert auf bürgerliche Behaglichkeit. Das Haus wurde gekauft, Kredite für die Möbel aufgenommen. Mehr und mehr versuchte sie nun auch, mir ihre Vorstellungen von modernem Freizeitverhalten überzustülpen. Immer öfter bedrängte sie mich, in – wie sie es nannte – *angesagte Locations* zu gehen. Zu diesem Zeitpunkt steckte ich bis über beide Ohren in meiner Bachelorarbeit (*Interkulturelle Kompetenz als pädagogische Aufgabe – subjektive Wahrnehmung und Wirklichkeitskonstruktion unter erziehungswissenschaftlichem Ansatz*), doch ich wollte ihr zeigen, dass ich ihre Bedürfnisse ernst nahm, und ließ mich von ihr an unserem dritten Kennenlerntag ins »Palazzo« einladen, einen dieser Luxusspeisebunker in der Innenstadt.
Obwohl keine direkte Kleiderordnung (Hemd oder Sakko) vorgeschrieben war, erschien ich aus Protest in meiner Lieblingslatzhose. Albina wurde nicht müde, mir die absurdesten Kreationen wie Trüffelnudeln, Kaviareier und ähnlichen Kram schmackhaft zu machen. Ich tat ihr

den Gefallen und kostete von den Gabeln und Löffeln, die sie mir erwartungsvoll unter die Nase hielt. Kellner wuselten lautlos zwischen den Tischen umher, Gläser klirrten, die Gäste unterhielten sich vornehm flüsternd. Um die verkrampfte Atmosphäre etwas aufzulockern, bedachte ich den Kellner mit witzigen Bemerkungen über die mickrigen Portionen (*davon können ja drei Ameisen einen Monat lang essen!*) und bot einem älteren Ehepaar am Nachbartisch scherzhaft das Du an. Leider besaßen weder Gäste noch Personal meinen feinen Humor, so dass keine rechte Stimmung aufkommen wollte.

Es gelang mir, im Laufe des abendlichen Essens drei Geschmacksrichtungen zu erkennen: Seife, irgendetwas Fischiges sowie frisch Erbrochenes. Als zum vermeintlichen Höhepunkt der Nachtisch serviert wurde, identifizierte ich eindeutig die Kombination aus geschnetzelten Gummitieren und Benzin.

Zu Hause angekommen, bedankte ich mich höflich für den tollen Abend und schmierte mir demonstrativ ein Leberwurstbrot. Auf meine verspielt-charmante Art war es mir so gelungen, meine Abneigung gegen ihre völlig überspoilerten »Luxuskneipen« kundzutun: Von nun an verschone mich Albina mit weiteren gastronomischen Abenteuern und lebte diese nur noch mit ihren langweiligen Freundinnen aus.

*

Karl-Heinz wurde unruhig und zerrte an der Leine.

»Na, da geht der Onkel Dirk mit dir mal eine Runde.«

Der Dackel war allerdings nicht gewillt, die alltäglichen Wege durch den Park zu nehmen, um seine präferierten Verrichtungs-Hotspots aufzusuchen. Das Fischfutter vom Vorabend schien ihm auf den Magen zu schlagen, er schnüffelte an Papierkörben und zerknickten Pappbechern, bis er schließlich direkt neben einem behördlichen Schaukasten an einer Friedhofsmauer sein Werk vollbrachte.

Während ich neben ihm wartete, überflog ich gelangweilt die aktuellen Informationen und heißesten News der Friedhofsverwaltung, als mein Blick auf etwas Interessantes fiel:

BESTATTUNGSHAUS B. FRÖHLICH
mitfühlend – engagiert – kompetent
Tag und Nacht für Sie im Dienst!
Eingang 50 m rechts

Fahrer gesucht!, war daneben in krakeliger Schrift mit schwarzem Filzstift vermerkt. War das nicht was für mich?

»Vielleicht«, überlegte ich laut, »sollte ich mich dort mal melden?«

Wuff!, bejahte Karl-Heinz.

Pling!, meldete sich der Weltmeister:

> Plane strategisch, Dirk!
> Präferiere krisensichere Investments!
> **Gestorben wird immer** ☺

Sechsundzwanzigstes Kapitel

Herr Fröhlich, ein rundlicher Herr mit streng gescheiteltem Haar, empfing mich persönlich und führte mich durch die Räumlichkeiten. Nach meinem Anruf hatte er sofort einen Termin für den nächsten Tag vorgeschlagen.

»Worin genau besteht denn die Tätigkeit?«, wollte ich wissen.

Wir standen in einem hellen, mit dicken Teppichen ausgelegten Raum. In einem sorgfältig ausgeleuchteten Regal wurden die verschiedensten Urnenmodelle präsentiert, gegenüber reihte sich ein halbes Dutzend glänzender Särge, dazwischen Sträuße aus Kunstblumen und dicke Kerzen in hohen Messingständern.

»Für den Bestattungshelfer gibt es mehrere Tätigkeitsbereiche«, erklärte er mit jahrzehntelang geschulter, weihevoller Stimme. »Das A und O ist natürlich der pietätvolle Umgang mit den Hinterbliebenen.«

Ich nickte ernst.

»Zum einen wäre da die Überführung der Verstorbenen«, fuhr Fröhlich fort. »Das ist eine körperlich anspruchsvolle Tätigkeit, da oft beträchtliche Lasten zu bewegen sind. Aber auch das Präparieren des Verblichenen für die Begräbnisfeierlichkeiten gehört dazu. Das ist nicht jedermanns Sache, damit muss man klarkommen, weil man ja direkt am Leichnam arbeitet.«

»Das ist kein Problem«, versicherte ich. »Ich kann mit Menschen umgehen.«

Der voluminöse Teppich dämpfte unsere Schritte. Ich betrachtete einen der Särge und strich mit den Fingern über das polierte Holz.

»Ah«, lächelte Fröhlich. »Der Imperial.«

»Der ... *was?*«

»Unser Premiummodell.« Er deutete stolz auf den Sarg. »Eiche massiv, die Kanten sind aus geöltem Nussbaum, die Griffe eloxiertes Messing. Innenverkleidung hundert Prozent natürliche Toussaud-Seide. Alles Handarbeit. Das ist der Mercedes unter den Erdmöbeln«, schmunzelte er. »Das kleine Adlon für die Ewigkeit. Da kann man's doch kaum erwarten, selbst drin zu liegen, oder? Haha.«

An der routinierten Erzählung und dem perfekten schelmischen Augenaufschlag erkannte ich, dass er diesen Witz wohl mehrmals pro Woche zum Einsatz brachte. Auch der Rest des Gesprächs verlief angenehm.

Da die Firma durch Krankheit und Kündigung kurzfristig zwei Mitarbeiter verloren hatte, stand Fröhlich einer befristeten Festanstellung auf Teilzeitbasis durchaus positiv gegenüber.

Und bevor ich mich versah, begann mein neues Leben genau dort, wo es gewöhnlich für andere zu Ende geht.

*

Als ich nach Hause kam, erhielt ich eine SMS von meinem Kumpel Thorben:

dirk – alte granate, lange nix gehört von dir, lass uns gerne treffen. diese woche ist eng, aber montag? wieso plötzlich doch politik? komm zur kreisvorstands-

sitzung, ist ende des monats, bin mittlerweile aufgestiegen – landesverband (wow!!!)
ist nicht so furchtbar trocken, wie es klingt :)
grüße thorben

Thorbens Antwort freute mich in doppelter Hinsicht: Erstens mochte ich ihn. Er hatte eine eigene Meinung und gehörte wie ich zu den wenigen Menschen, die diese auch mit aller Konsequenz vertreten. Ich erinnerte mich, dass er in permanentem Konflikt mit seinen reaktionären Eltern gestanden hatte. Immer wieder hatte es Streit gegeben, und nachdem sich sein Vater bei einer Silvesterfeier gewünscht hatte, im nächsten Jahr endlich wieder unbeschwert *Neger* sagen zu dürfen, lief das Fass über und Thorben brach den Kontakt zu seiner Familie komplett ab.

Obendrein war Thorben ein lebenslustiger Kerl. Etliche Nächte waren wir während des Studiums durch die Kneipen gezogen und hatten gemeinsam eine Menge erlebt. Das verbindet.

Zweitens freute mich, dass er parteipolitisch noch immer engagiert war und sogar in einem Vorstandsgremium saß. Denn ganz klar – ich brauchte Unterstützung. Wenn ich mich in eine Partei einbringen würde – was seit dem Gespräch mit Meino durchaus meine Absicht war –, hatte das natürlich auf einem angemessenen Niveau zu geschehen. Jedenfalls hatte ich nicht vor, auf dem Marktplatz unter einem Sonnenschirm Fähnchen und Prospekte zu verteilen. Nein, als letzter Schütze im Geschwader würde ich mich nicht anstellen.

Ich schrieb Thorben zurück und schlug für den kommenden Montag ein Treffen vor. Danach kochte ich mir einen Tee, verabreichte Karl-Heinz sein Abendessen (Spezialfutter für Heimnager) und ging zeitig schlafen.

Am nächsten Morgen musste ich fit sein.

*

»Herr Bergfalk! Der steht Ihnen wirklich *aus-ge-zeichnet*!« Frau Rose, die Sekretärin des Beerdigungsinstituts, strahlte mich an. Bisher hatte ich es rigoros abgelehnt, mich mit Jackett, Krawatte oder anderen modischen Insignien vorgeblicher Seriosität zu verkleiden, doch unter den Umständen eines neuen Arbeitsverhältnisses hatte ich mich schlecht weigern können, mir eine solche Kluft überzuwerfen.

»Also wirklich.« Frau Rose, eine kleine Frau in den Fünfzigern mit üppigem Busen und grauen Strähnen im Haar, kam hinter ihrem Schreibtisch hervor und ordnete meinen Schlipsknoten. »Der passt ja wie angegossen.«

Das euphorische Lob meiner neuen Kollegin machte mich ein wenig verlegen. Ein kurzer Blick in den Spiegel neben der Garderobe bestätigte mir allerdings, dass sie mit ihrer Einschätzung keinesfalls übertrieben hatte.

»Die Anzüge haben wir erst letzte Woche reingekriegt.« Sie trat einen Schritt zurück, musterte mich prüfend und nickte zufrieden. »Hat der Chef persönlich ausgesucht. Wenn Sie Fragen haben, können Sie immer zu mir kommen«, sagte sie und deutete zu der Tür, hinter der Fröhlich verschwunden war. »Der Chef hat Ihnen ja alles gezeigt.«

»Hat er«, nickte ich. »Bloß die Leichen noch nicht. »Aber«, ich zwinkerte ihr zu, »die rennen ja auch nicht weg.«

Mein kesser Witz wurde mit einem mädchenhaften Schmunzeln quittiert. Ein deutliches Zeichen, dass einem freundschaftlich-kollegialen Verhältnis nichts im Wege stand.

»Um zwei geht schon Ihr erster Transport«, sagte Frau Rose. »Sie fahren mit Hubert. Keine Sorge, der kennt sich aus und weist Sie ein.«

Sie zeigte zum Fenster. Ein hagerer Mann, ebenfalls in Anzug gekleidet, stand vor dem Institut in der Sonne und wienerte mit langsamen Bewegungen die getönten Scheiben des Leichenwagens. Fröhlich hatte ihn mir bereits vorgestellt, Hubert hatte mit zwei Fingern an der Schläfe militärisch salutiert und sich dann wieder seiner Packung Pralinen gewidmet.

»Im Prinzip ernährt er sich nur von Weinbrandbohnen und Zigaretten«, raunte mir die Sekretärin zu. »Es ist ein Wunder, dass wir ihn noch als Angestellten und nicht längst als Kunden bei uns haben. Hoppla!« Sie sah auf ihre Uhr. »Der Chef wartet auf seinen Kaffee.«

Sie drängte sich an mir vorbei und machte sich an einer Kaffeemaschine zu schaffen. »Auch einen?«, fragte sie über die Schulter.

»Tee wäre mir lieber.«

»Schwarz oder grün?«

»Kräuter.«

»Kommt sofort!«, trällerte sie.

Frau Rose war mir nicht ohne Grund sympathisch.

*

Eine Stunde später saß ich neben Hubert im Leichenwagen und erhielt eine ausführliche Dienstunterweisung: »Erstens: Klappe halten. Zweitens: Ernst gucken. Und drittens: Auf *drei* fest zugreifen und aus den Knien heben.«

Sichtlich stolz belohnte er sich für sein fachkundiges Referat mit zwei Pralinen sowie einer Zigarette. Wortlos hielt er mir die Schachtel *(John Player Special)* unter die Nase.

»Ah, aus Polen«, gab ich mit Kennermiene zu verstehen. »Da sind sie billiger.«

»Nee, vom Tschechen.« Hubert blies den Rauch durch die Nase und bremste an einer Ampel. »Also vom Tschechen-Fidschi, die sind besser als beim Polen-Fidschi. Dort wird ja alles reingemischt: Laub, Winterreifen, das kannste nicht rauchen.«

Nach jahrelangen Diskussionen in geschraubtem Pädagogendeutsch erschien mir diese unverkrampfte Form der Konversation als äußerst erholsam.

»Capito!« Ich salutierte lachend – ebenso, wie er mich bei unserer ersten Begegnung begrüßt hatte.

Die Fahrt führte zu einem Altersheim am Stadtrand. Hubert steuerte den Leichenwagen auf den Lieferparkplatz, und als wir den grauen Plastiksarg aus dem Auto bugsierten, begrüßte uns die Leiterin wie alte Bekannte.

Nachdem Hubert die Formalitäten erledigt hatte, gingen wir durch einen langen Flur und betraten ein kärglich eingerichtetes Zimmer. Auf einem schmalen Bett lag ein dünner, blasser Mann mit geschlossenen Augen. Automatisch bewegte ich mich leise und vorsichtig, jedoch nicht aus Gründen der Pietät, sondern weil es gewohnheitsmäßig für mich wirkte, als schliefe er friedlich.

Am Abend zuvor hatte ich versucht, mir vorzustellen, wie es wohl sein werde, einen toten Menschen zu berühren. Jetzt registrierte ich beruhigt, weder Angst, Ekel oder Ähnliches zu spüren. Hier lag einfach ein mir unbekannter Toter – der Gegenstand meiner Arbeit.

Der Sarg stand auf einer rollbaren Pritsche neben dem

Bett. Ich ging zum Fußende, umfasste die dünnen Knöchel, und auf Huberts *drei* hoben wir den unerwartet leichten Körper problemlos vom Bett in den Sarg.

Deckel drauf – das war mein Lebenslauf.

Ein Spruch aus meiner Schulzeit, der mir spontan in den Sinn kam, als wir den Sarg verschlossen, zum Fahrstuhl rollten und von dort über die Laderampe wieder ins Auto schoben.

Erschreckend praktisch das Ganze, dachte ich. Als wäre das gesamte Pflegeheim nur entworfen worden, um möglichst bequem und unbemerkt durch die Hintertür wieder hinausbugsiert zu werden.

Kalte Abreise nannte man dies in Fachkreisen, wie ich von Hubert erfuhr. Er nickte mir beim Einsteigen zu, was ich als Wertschätzung meiner offensichtlich ordnungsgemäß erbrachten Leistung wertete.

Die Rückfahrt verlief schweigsam, denn Huberts Musikgeschmack erwies sich als noch bizarrer als seine Ernährungsgewohnheiten. Aus den Boxen trötete ein schier endloses Schlagermedley.

»Käpt'n Cook und die singenden Saxophone«, erklärte Hubert mit Kennermiene. »Die waren sogar schon im Fernsehen.«

Während er den Leichenwagen gemächlich durch die Innenstadt chauffierte, klopften seine Finger den Takt von *Mein Herz hat Sehnsucht* auf dem Lenkrad.

*

Die folgenden beiden Tage verliefen ruhig, mehr als zwei oder drei Überführungen fielen nicht an. Ich beglückwünschte mich zu meiner Entscheidung. Der Job löste zwar in keiner Weise meine finanziellen Probleme, doch er bildete ein solides Fundament und ließ mir Zeit und Kraft genug, mich an anderer Front zu verwirklichen.

Im Stillen spekulierte ich auf eine weitere Chance: Eventuell bot sich in Zukunft gar die Möglichkeit, als Bestattungsassistent *ehrenamtlich* etwas nebenbei zu verdienen. Ich erinnerte mich, als Jugendlicher einen Horrorroman gelesen zu haben, in dem es um Schmuck, Edelsteine und andere Dinge ging, die Gestorbene bei sich trugen und ihnen posthum entwendet wurden. Sogar von Goldzähnen war die Rede. Sicherlich, die Vorstellung war ein wenig makaber, aber vielleicht ließ sich ja mit etwas Geschick ein weiteres Betätigungsfeld auftun?

Jedenfalls deutete alles darauf hin, dass ich einen ruhigen Job gefunden hatte.

Diese Einschätzung sollte sich am nächsten Tag jedoch als trügerisch erweisen.

Siebenundzwanzigstes Kapitel

Als ich pünktlich um zehn meinen Dienst antrat, war Hubert mit dem Leichenwagen in der Waschanlage. Rosi, wie ich Frau Rose mittlerweile insgeheim nannte, war mit der Buchhaltung beschäftigt und wies mich an, die Prospekte im Präsentationsraum zu ordnen. Ich ließ mir einen Kräutertee kochen und machte mich an die Arbeit.

Leise Klaviermusik plätscherte aus den Boxen in der stuckverzierten Decke und mischte sich mit der weihevollen Stimme des Chefs, die aus der halb geschlossenen Tür seines Büros drang: »Ich verstehe Ihren Unmut. Doch Ihr begründeter Verdacht auf eine nicht natürliche Todesursache Ihrer werten Großmutter zieht zwangsläufig zahlreiche polizeiliche Untersuchungen nach sich.«

Oha, dachte ich. *Begründeter Verdacht? Nicht natürliche Todesursache? Das klingt ja wie im echten Krimi.*

Und ich war fast mittendrin. Gespannt hörte ich weiter zu.

»Das alles erfordert Zeit. Jetzt, wo der Leichnam freigegeben ist, sollten wir …«

Das Schluchzen einer Frau verriet, dass Fröhlich nicht telefonierte, sondern direkt mit einer trauernden Klientin sprach.

»Wir werden Sie auf diesem schweren Weg begleiten«, säuselte er. »Zunächst kümmern wir uns um die Überführung aus dem pathologischen Institut. Das wird noch heute erledigt.«

Ein weiteres Schluchzen.

»Dann sollten wir entscheiden, wie Ihre liebe Frau Großmutter zur letzten Ruhe gebettet werden soll.«

Die Prospekte lagen einigermaßen ordentlich gestapelt in ihren Fächern. Ich nahm einen Staubwedel und wandte mich dem Regal mit den Urnen zu, während im Nebenraum ein salbungsvoller Vortrag über die grundlegenden Unterschiede zwischen Erd-, Feuer- und Seebestattungen gehalten wurde.

»Bei der Auswahl der Blumen stehen wir Ihnen natürlich ebenfalls beratend zur Seite. Da Sie die einzige Hinterbliebene sind, gehe ich von einem eher kleinen Rahmen aus. Natürlich vermitteln wir Ihnen einen professionellen Trauerredner, der …«

Ein Klatschen erscholl, jemand schlug mit der flachen Hand auf den Tisch.

»Ich will keinen *beknackten Trauerredner*!«

Ein seltsamer Schauer lief mir über den Rücken. Nicht die derbe Wortwahl irritierte mich. Es war diese tiefe, ein wenig raue Stimme. Ich kannte sie.

Aber woher?

Ich dachte angestrengt nach und spürte die unangenehme Beklemmung des *Ertapptseins*.

»Ganz, wie Sie meinen«, beschwichtigte Fröhlich im Nebenraum. »Es ist einzig und allein Ihre Entscheidung, Frau Wondraschek.«

Wondraschek!

Ich zuckte zusammen. Nur mit äußerster Mühe konnte ich verhindern, dass die silberne Urne (*Modell Bombay, Keramik, handbemalt*), die ich gerade abstaubte, nicht ebenso scheppernd zu Boden rasselte wie die unsäglichen Kochtöpfe, die ich der Alten damals hatte verkaufen wollen.

Mit zitternden Händen stellte ich die Urne zurück und schlich auf Zehenspitzen aus dem Raum.

*

Zwanzig Minuten später drehte ich mit klopfendem Herzen eine Runde nach der anderen um meinen Küchentisch. Karl-Heinz wuselte schwanzwedelnd um meine Beine, doch ich beachtete ihn nicht. Vergeblich versuchte ich, meine Gedanken zu ordnen. Wo sollte ich anfangen?

Begründeter Verdacht, nicht natürliche Todesursache, polizeiliche Untersuchungen – all diese Begriffe rotierten in meinem Schädel. Vor einer halben Stunde noch hatte ich es aufregend gefunden, Zeuge eines authentischen Kriminalfalles zu sein, doch jetzt war ich womöglich viel mehr: Verdächtiger. Täter. Oder gar ein …

Mörder?

Was denn noch alles? Reichte es nicht, dass …

»Scheiße!«

Ich war gegen einen Stuhl gestoßen. Mit verzerrtem Gesicht rieb ich das schmerzende Schienbein, während Karl-Heinz winselnd aus der Küche rannte.

Albina, Norbert, Ralf – alle wollten was von mir! Jetzt auch noch diese Wondraschek! Wieso musste die nun plötzlich tot sein? Mit welchem Recht? Hatten sich denn alle gegen mich verschworen?

Ich stand gern im Mittelpunkt, das musste ich zugeben. Doch jetzt zeichnete sich die Tendenz ab, mich für alles Mögliche verantwortlich zu machen. Das wurde zu viel.

Ich füllte ein Wasserglas, leerte es in einem Zug und setzte mich an den Tisch. Der Schmerz klang allmählich ab, ich atmete tief ein. Jetzt hieß es, einen kühlen Kopf zu bewahren.

Ich dachte an die dramatische Begegnung mit der Wondraschek und erinnerte mich, sie im Hausflur beim Aufsammeln der Töpfe hinter mir gesehen zu haben. Erschrocken und leichenblass hatte sie in der Tür gestanden. Sollte sie dort tatsächlich gestorben sein?

Das war nicht auszuschließen. Aber die viel wichtigere Frage lautete doch:

War ich etwa schuld?

Nein, keinesfalls. Ich hatte die Wondraschek weder berührt noch sonst etwas Verbotenes getan. Wenn, dann waren die Töpfe schuld.

Konnte man mich ... *verdächtigen*?

Ich schüttelte stumm den Kopf. Hätte es irgendwelche Indizien gegen mich gegeben, wäre ich längst vorgeladen worden. Ich hatte also nichts zu befürchten.

Eigentlich.

Denn da war diese durchgeknallte Enkelin, die allem Anschein nach mir die Schuld in die Schuhe zu schieben gedachte. Dabei, überlegte ich zähneknirschend, war *sie* es gewesen, die mit ihrem Anruf und der unangemessenen Gewaltandrohung das bis dahin seriös verlaufende Verkaufsgespräch aus dem Ruder hatte laufen lassen. Im Endeffekt hatte sie den Tod ihrer Großmutter selbst zu verantworten.

Genau!

Weder ich noch die Töpfe waren schuld.

Das waren zwar glasklare Fakten, doch tatsächlich beruhigen konnten sie mich nicht.

Ich blieb nervös und schämte mich zugleich dafür. Doch so, überlegte ich, ist es nun mal mit der Vernunft. Sie vermag es nur selten, sich gegen die Aufwallungen der Emotionen durchzusetzen. Das allerdings, tröstete ich mich, war nicht nur mein, sondern das Problem auch anderer großer Geister: Sie können rational denken und trotzdem irrational handeln.

Ich lauschte dem eintönigen Tropfen des Wasserhahns. Auf Arbeit, so viel stand fest, konnte ich heute nicht mehr zurück. Die Wondraschek musste überführt werden; eine Aufgabe, die natürlich mir zufiel, und die Wahrscheinlichkeit, ihrer angriffslustigen Enkelin über den Weg zu laufen, war einfach zu groß.

Was also war zu tun?

Naheliegend war eine Krankschreibung. Doch draußen strahlte die Sonne, und ich hatte nicht die geringste Lust, mich bei diesem Wetter in ein muffiges Wartezimmer zu setzen, und entschied, wie (fast) immer, bei der simplen Wahrheit zu bleiben. Ich nahm mein Handy und tippte eine SMS:

> Hallo Chef, mir ist plötzlich nicht gut. Der Umgang mit Toten schlägt mir scheinbar aufs Gemüt. Brauche mal einen Tag zu Hause, zum Verarbeiten. Bin morgen wieder im Dienst, ok?

Die Antwort kam prompt:

> Lieber Dirk! Das geht allen Neuen in unserem Beruf so. Soeben ist ein neuer Auftrag reingekommen, aber Herr Bause wird Sie vertreten. Morgen liegt um 15 Uhr eine Urne in kleinstem Rahmen an, das schafft Hubert allein. Nehmen Sie zwei Tage frei und ruhen sich aus. Bis übermorgen, Bernd Fröhlich

Was hatte ich doch für einen mitfühlenden Chef! In dieser Hinsicht konnte ich mich nun ausnahmsweise überhaupt nicht beklagen. Aber es blieb ein flaues Gefühl in der Magengegend. Lag es an der Enkelin? Oder daran, dass ich meinen Chef ein klein wenig angeschwindelt hatte? Oder gar an der toten Alten?

Eine Nachricht auf meinem Handy erschien:

> **Man muss nicht über Leichen gehen –**
> **sondern einfach drum herum.**

Achtundzwanzigstes Kapitel

Die Erklärung des Weltenmeisters beruhigte mich ein wenig. Es war früher Nachmittag, mir blieb eine knappe Stunde, bis ich Meino aus der Schule abholen musste. Ich wollte verhindern, dass der Junge etwas von meinen Problemen bemerkte, also beschloss ich, nach den Turbulenzen des Vormittags ein wenig an seiner Playstation zu entspannen.

Naturgemäß sollte jeder verantwortungsvolle Pädagoge modernen Computerspielen skeptisch gegenüberstehen, da diese Geräte die Entwicklung des natürlichen Sozial- und Kommunikationsverhaltens eines Jugendlichen auf das Empfindlichste hemmen. Doch für jemanden wie mich, einen Erwachsenen, der mit beiden Beinen fest im Leben stand, konnte diese Art der Zerstreuung ein angenehmer Zeitvertreib sein.

Ich ging in Meinos verwaistes Zimmer. Das Chaos früherer Tage war einer trostlosen Leere gewichen. Der braune Strunk, der tentakelhaft aus einem verstaubten Blumentopf auf dem Fensterbrett baumelte, erinnerte nur vage an die Begonie, die meiner Erinnerung nach dort gestanden hatte.

Ich startete die Konsole. Zwar hatte Meino mir eine eigenmächtige Nutzung strikt untersagt, aber da auch er sich nicht an alle von mir aufgestellten Regeln hielt, wähnte ich mich völlig zu Recht im Recht.

Die Festplatte erwachte surrend zum Leben. Der Monitor flackerte auf. Meine Vorfreude auf eine nette kleine Ballerei währte jedoch nur kurz, denn anstatt unbeschwert ein paar mongolische Söldner per Maschinengewehr in die Horizontale einzupflegen, erhielt ich eine Meldung: *Ein Fehler ist aufgetreten (NW 31473–8)*

Schlagartig war meine Stimmung im Keller.

Ich schaltete das Gerät aus und wieder ein.

Keine Besserung.

Ich zog den Netzstecker. Schaltete wieder ein.

Nichts.

Ich untersuchte die Kabel.

Nichts.

Prüfte die Anschlüsse.

Nichts. Es brodelte in mir.

Hatte sich denn die ganze Welt gegen mich verschworen? Die Liste der Intiganten wurde noch länger und erweiterte sich jetzt sogar um eine …

»… *beschissene PLAYSTATION!*«

Aus dem Wohnzimmer wurde mein Wutschrei von Karl-Heinz mit einem fragenden Winseln quittiert. Schnaubend hieb ich auf sämtliche Knöpfe des Controllers ein. Da sich auch jetzt keine funktionalen Verbesserungen einstellen wollten, warf ich das Gerät quer durchs Zimmer, was zur Folge hatte, dass es heftig gegen den Blumentopf prallte, der samt mumifizierten Inhalt ordnungsgemäß hinabstürzte und dumpf auf dem Teppich zerbarst.

Die entstandene Staubwolke war beträchtlich.

Das alles war extrem verdrießlich, doch ich registrierte verwundert und erfreut, dass ich durch diesen Ausbruch immerhin die Hälfte der angestauten Frustration verarbeitet hatte.

*

Die andere Hälfte versuchte ich während der äußerst flotten Fahrt zur Schule abzubauen, und als ich das Cabrio auf den Parkplatz steuerte, wartete Meino bereits mit hängenden Schultern unter einer Kastanie. Meine Stimmung allerdings hatte sich kaum gebessert.

»Hallo Großer!«, rief ich betont fröhlich, um meine schlechte Laune zu überspielen. »Heute ist dein Glückstag, dein Vati holt dich ab!«

Er wuchtete seinen Ranzen auf den Rücksitz, bedachte mich mit einem teilnahmslosen *Hallo* und stieg ein. Um gar nicht erst Raum für Meinos wortkarge Miesepeterei aufkommen zu lassen, kam ich direkt zur Sache.

»Ich muss dir was ganz Tolles erzählen!« Ich ließ den Motor aufheulen, das Cabrio brauste los. »Neulich hast du ja bemängelt, dass ich nur rede und nichts mache. Da hast du recht gehabt. Doch damit ist Schluss. Denn jetzt«, ich legte ihm einen Arm um die Schulter, »gehe ich in die Politik.«

Er zeigte keinerlei Reaktion. Doch damit hatte ich gerechnet und erklärte ihm unverdrossen, dass die aktuellen Politiker stets nur an ihre eigenen Interessen dachten und aus Abhängigkeit, Angst und fehlender Vision fast immer die falschen, kleingeistigen Entscheidungen treffen würden.

»Dadurch«, rief ich und bremste hinter einem klapprigen Kleinbus, »lassen sich die Probleme nicht lösen!«

Ich gab Vollgas. Mit viel Geschick (und etwas Glück) gelang es mir, die trödelnde Rostlaube zu überholen.

»Zum Beispiel die Gleichberechtigung der Frau.« Ich hob die Stimme, um den Fahrtwind zu übertönen. »Klar, es gibt eine Menge Ideen, aber keine wird umgesetzt. Ich hingegen habe schon vor Jahren an der Freien Kreativschule eine gendergerechte Sprache gefordert und dafür gesorgt, dass die Kinder spielerisch mit dem Thema Geschlechterneutralität vertraut gemacht werden.«

Meino bedachte mich mit einem angeödeten Blick. Schon vor Jahren, erklärte ich ihm, hatte die Schultheatergruppe unter meiner Leitung Prokowjews patriarchalisch verkrustete Kindersinfonie in der von mir persönlich aktualisierten Fassung als *Petra und die Wölfin* aufgeführt.

»Und auch deine Mutti habe ich in puncto Emanzipation unterstützt«, fuhr ich fort. »Ich habe sie als vollwertigen, gleichberechtigten Menschen akzeptiert. Primär habe ich sie nie als Frau gesehen, sondern als geachtete Kameradin. Auf Augenhöhe. Das gab ihr Selbstvertrauen.«

»Und deshalb hat sie sich dann von dir g-getrennt?«

»Genau.« Ich bremste scharf an einer roten Ampel. »Nur, weil sie so selbstbewusst ist, konnte sie sich überhaupt von mir trennen. Egal«, schmunzelte ich und gab ihm einen kumpelhaften Stups in die Seite. »Auf jeden Fall werde ich diesen ganzen politischen Laden jetzt mal so richtig aufmischen.«

Hinter uns hupte es. Ein Taxifahrer zeigte mir den Scheibenwischer und deutete wild gestikulierend auf die Ampel, die wieder auf Grün geschaltet war.

Ich fuhr an und wechselte das Thema. Um Meino nicht den Eindruck zu vermitteln, ich wolle die ganze Zeit nur über mich reden, hatte ich mir angewöhnt, mich auch nach seiner Befindlichkeit zu erkundigen.

»Und? Wie geht's so bei dir?«

»Okay. Wie immer.«

Ich bremste vor dem Haus. Durch das angekippte Küchenfenster drang wildes Gekläffe auf die Straße. Karl-Heinz hatte unsere Ankunft bemerkt.

*

Nachdem der Dackel weggesperrt war, verlief unser Nachmittag recht angenehm. Wir spielten im Garten ein wenig Fußball, knabberten ein paar Kekse und gingen ins Haus, um uns dem Eigentlichen zuzuwenden: Meino der Playstation und seinem Waffenarsenal – ich mich den Aufzeichnungen des Weltenmeisters. Nach drei Stunden individueller Freizeitbeschäftigung trafen wir uns beim gemeinsamen Abendbrot. Meino beschwerte sich, dass an der Konsole die Bluetooth-Konfiguration verstellt gewesen war, worauf er einiges neu justieren musste.

»Na ja«, sagte ich beiläufig. »Alles technisch noch nicht ausgereift, das moderne Zeug.«

*

Glücklich über die gemeinsam verbrachten Stunden fuhr ich Meino zurück nach Hause.

»Und?«, fragte ich. »Vertragen sich Mutti und der Neue?«

Es widerstrebte mir, den Namen auszusprechen.

»W-welcher ... *Neue*?«

»Na ... Arnulf.«

Als ich es tat, spürte ich einen Stich. Nicht einen, sondern tausend: in Magen, Milz, Nieren und sämtlichen akkupunktierbaren Körperteilen. Doch ich ließ mir nichts anmerken.

»G-geht so.«

»Geht so?« Ich hielt neben den Mülltonnen vor Arnulfs Haus. »Haben sie sich gestritten?«

Meino zuckte die Achseln, löste den Sicherheitsgurt und wollte aussteigen. Ich hielt ihn zurück.

»Worüber denn?«, insistierte ich.

»K-keine Ahnung«, wiegelte er ab und stieg aus. »Nur mal so eben.«

»Du willst nicht schlecht über die beiden reden«, lobte ich. »Das ist gut, Meino. Ich akzeptiere das.«

Meino schlurfte auf das niedrige Gartentor zu. Ich folgte ihm, um ihn zur Haustür zu begleiten.

»Schon gut, Vati«, winkte er ab. »Das musst du nicht machen.«

»Doch,« entgegnete ich gut gelaunt. »Deine Mutti und ich und auch Arnulf haben jetzt ein gutes Verhältnis. Da gehört es dazu, dass man mal kurz *Hallo* sagt.

Meino schob skeptisch die fleischige Unterlippe vor. Er wollte den Schlüssel ins Schloss stecken, da öffnete sich schon die Tür und Albina erschien. Sie bedachte mich mit einem überraschten Blick, bückte sich zu Meino und küsste ihn zur Begrüßung.

»Guten Abend, mein Schatz.«

»Ohhh! Kann ich auch einen?«, lachte ich und deutete auf meine Wange.

Albina zögerte, schaute zu Meino und gab mir einen flüchtigen Kuss.

»Hoho!«, johlte ich fröhlich.

Der vertraute Duft ihres Parfüms wehte mir entgegen. Offensichtlich wollte sie ausgehen, sie hatte sich geschminkt, trug ein enges schwarzes Kleid und Hackenschuhe.

»Schicker Anzug.« Albina musterte mich von oben bis unten. »Hätte nicht gedacht, dass du so was trägst. Macht dich zu 'nem ganz anderen Menschen.«

Ich hatte (offensichtlich zu Recht) gehofft, dass sich das beiläufige Tragen meiner neuen Dienstkleidung positiv auswirken würde.

»Ach so«, wiegelte ich ab. »Ist noch vom Dienst.«

Ich setzte an, um von meinem neuen Job zu berichten, doch Meino kam mir zuvor: »Vati geht jetzt in die P-P-Politik!«

Albina öffnete erstaunt den Mund. Mir dämmerte, dass ein angehender Volksvertreter wesentlich mehr Eindruck machen würde als ein schnöder Bestattungshelfer.

»Stimmt.« Ich zerstrubbelte Meinos Haar. »Es war seine Idee«.

Albina sah mich noch immer an. In den letzten Jahren war das kaum noch geschehen, und wenn, war ihr Blick gereizt gewesen, herablassend oder im besten Falle gleichgültig. Jetzt hatte sich dieser Ausdruck geändert. Ich sah … Anerkennung.

Oder waren das Zweifel? Bereute sie ihre Entscheidung?

»Und du?«, fragte ich. »Wohin des Weges, schöne Frau?«

»Zum Italiener.«

»Allein?« Meine Augen weiteten sich betont erstaunt. »Ohne den«, ich reckte den Hals und sah über ihre Schulter zur offenen Haustür, »Herrn des Hauses?«

»Ich treffe mich mit meinen Mädels. Arnulf ist so nett und passt auf Meino auf.«

»Soll ich dich mitnehmen?« Ich deutete auf das Cabrio.

»Nicht nötig, danke. Ich hab … ach, da ist es schon.«

Ein Taxi bog um die Ecke. Albina umarmte Meino, zögerte kurz, gab mir etwas verlegen die Hand und ging davon. Meino winkte dem Taxi nach, ich tat es ebenfalls, und als wir uns umwandten, stand Arnulf in der Tür.

»Hey, altes Haus!« Ich breitete die Arme aus. »Alles frisch bei dir?«

»Hallo Dirk,« gab er trocken zurück und wandte sich an Meino: »Wie war dein Tag?«

»Eigentlich ganz okay.«

»Du gehst gar nicht mit Albina aus«, stellte ich fest.

»Ich hab was Besseres vor.« Arnulf zwinkerte Meino zu. »Wie wär's mit 'nem Fernsehabend, Großer?«

»Total cool!«

Ich war nicht sicher, was mich mehr verwunderte: Meinos Grinsen oder seine ungewohnt flüssige Aussprache.

»Habt ihr euch wieder gestritten?«, fragte ich beiläufig.

Arnulfs Brauen hoben sich. »Wieso sollten wir?«

»Ach, nur so.«

Meino ignorierte meinen heimlichen verschwörerischen Blick, senkte den Kopf und schlurfte an Arnulf vorbei ins Haus.

»Früher«, ich sah ihm seufzend nach, »konnte ich mich Tag und Nacht um ihn kümmern. Aber das geht ja jetzt nicht mehr.«

»Keine Sorge, Meino geht's gut. Und was Albina und mich betrifft ...« Arnulf seufzte ebenfalls. »Du weißt doch, wie Albina sein kann. Wenn sie sich was in den Kopf gesetzt hat, dann ...«

Er nickte mir kumpelhaft lächelnd zu.

Irgendwo im Haus knallte eine Tür.

»Moment mal, Freundchen«, sagte ich sachlich. »Bloß, weil es zwischen euch beiden nicht mehr läuft, suchst du jetzt *mich* als Verbündeten gegen Albina?«

Arnulf riss verdattert die Augen auf.

»Nicht mit mir!«, fuhr ich fort. »Albina ist immer noch *meine* Frau! Für diese Spielchen von wegen«, ich wedelte mit den Händen, »*Frauen sind nun mal so* bin ich der Falsche!«

Ich machte auf dem Absatz kehrt.

»Ich bin Feminist!«, rief ich über die Schulter. »Frag Meino!«

Arnulf stand kopfschüttelnd in der Tür. Ich sprang in mein Cabrio.

»Schönen Abend noch alleine!«, brüllte ich ihm über den aufheulenden Motor zu und düste davon.

Neunundzwanzigstes Kapitel

Die Sonne stand bereits tief über den Bäumen, als ich mit Karl-Heinz die abendliche Runde durch den Stadtwald drehte. In Gedanken war ich bei der Begegnung mit Arnulf und Albina, die zweifellos positiv verlaufen war. Ich hatte Arnulf die Grenzen aufgezeigt, und Albina?

Nun ja, sie hatte fast eindeutige Signale gesendet.

Karl-Heinz tippelte vor mir her, die Nase auf den mit Wurzeln überzogenen Weg gerichtet. An einer Gabelung bog er auf einen Pfad ab, der in den dichteren, mir unbekannten Teil des Waldes führte.

Warum nicht?, dachte ich und folgte dem sorglos schnüffelnden Hund.

Der Pfad führte zwischen uralten Kiefern bergauf. Die Kronen wiegten sich hoch über mir in der Dämmerung. Ich atmete die würzige, nach Harz und feuchter Erde duftende Luft, lauschte dem Zwitschern der Vögel. Trotzdem verspürte ich eine unangenehme innere Unruhe, doch es gelang mir nicht, den Grund zu finden.

Karl-Heinz verschwand kläffend im Unterholz. Gebüsch raschelte, während er hechelnd einer Maus – oder was immer seinen rudimentären Jagdtrieb geweckt haben mochte – folgte.

Ich blieb stehen, sah mich um und runzelte die Stirn.

Nur wenige Minuten konnten vergangen sein, trotzdem war es plötzlich überraschend dunkel. Eben noch war der Himmel klar, Mücken hatten in den Strahlen der untergehenden Sonne getanzt, doch jetzt hingen graue Wolkenschleier über den Bäumen, Nebel trieb in trägen Schwaden zwischen den knorrigen Stämmen.

Ich pfiff nach Karl-Heinz, um den Rückweg einzuschlagen.

Keine Reaktion.

Lauschend hob ich den Kopf. Kein Hecheln, kein Rascheln war zu hören. Nur das eintönige Rauschen der Bäume. Ich setzte zu einem weiteren Pfiff an, als mich ein heftiges Knacken hinter mir zuerst herumfahren und im nächsten Moment erstarren ließ.

Zehn Meter vor mir schwebte ein Gesicht zwischen den Bäumen, die Augen starr auf mich gerichtet, um Sekunden danach wie unsichtbar im Wald zu verschwinden. Es sah aus wie ...

... Arnulf?

Ein eisiger Schauer durchzog mich. Wie versteinert schaute ich zu der Stelle, wo jetzt nur noch Laub und Äste zu sehen waren.

Kein Zweifel, das war er.

»Wuff!«, erklang es direkt hinter mir.

Mit einem erstickten Schrei wirbelte ich herum.

»Karl-Heinz?«

Etwas zerzaust kam er aus dem Gebüsch getappelt. Der Art, wie er mit schräg geneigtem Kopf aus spöttisch funkelnden Knopfaugen zu mir aufsah, entnahm ich, dass mein Anblick – ratlose, weit aufgerissene Augen und ein bedröppelt herunterhängender Unterkiefer – selbst auf Hunde einen ziemlich lächerlichen Eindruck zu machen schien.

Unwillkürlich musste ich lachen. Ein Zeichen, das ich als Ausdruck tiefster Verbundenheit mit meinem Dackel deutete, meinem – momentan zumindest – besten Freund.

Schnell hatte sich der Schreck gelegt. Mir wurde klar, dass ich mich wohl etwas zu intensiv in die Begegnung mit Arnulf hineingesteigert hatte, was bei einer empfindsamen Seele wie der meinen rasch zu einer kleinen vorabendlichen Halluzination führen konnte.

»Na komm.« Ich deutete zurück. »Ab nach Hause.«

Karl-Heinz trottete zufrieden voran. Ich folgte ihm in die zunehmende Dämmerung, die Augen auf das pelzige Hinterteil und den munter wippenden Stummelschwanz gerichtet. Der Nebel war stärker geworden, trieb in schmutzigen Schlieren träge über den Pfad.

Zweige knackten unter meinen Schritten. Aus der Ferne wehte der Schlag einer Kirchenglocke heran. Der einsame, traurige Klang lenkte meine Gedanken auf die Beerdigung der alten Wondraschek und ließ mich frösteln. Ich stieg über eine Wurzel, schlug den Jackettkragen hoch und stellte fest, dass die Gänsehaut auf meinen Armen einen weiteren, wesentlich triftigeren Grund hatte. Die Temperatur musste in den letzten Minuten beträchtlich gefallen sein. Und zwar so stark, dass mein Atem kondensierte und in Wölkchen in der Dunkelheit verschwand.

Ich beschleunigte meine Schritte. Stoppte abrupt, als mir bewusst wurde, dass Karl-Heinz wieder verschwunden war. Der Pfad schlängelte sich in einem langgestreckten Bogen zwischen den Kiefern, ich lief weiter, pfiff, doch Karl-Heinz reagierte nicht. Ich verfiel in einen lockeren Trab. Der Rückweg erschien mir plötzlich unverhältnismäßig lang, deutlich länger als der Hinweg. Hätte ich nicht längst wieder an der Weggabelung sein müssen, an der Karl-Heinz vorhin abgebogen war?

Mittlerweile war es äußerst düster, links und rechts unter den Bäumen stockdunkel, der Weg vor mir kaum mehr als ein fahler Schatten, doch dass ich die Gabelung übersehen hatte, war völlig ausgeschlossen. Jede Sekunde musste sie also auftauchen und dort, versuchte ich mich zu beruhigen, würde Karl-Heinz sicherlich auf mich warten.

Der Pfad wurde schmaler. Zweige schlugen mir ins Gesicht. Das, fiel mir ein, war auf dem Hinweg nicht der Fall gewesen. Schweiß brach mir aus. Hatte ich mich verlaufen? Aber wie konnte das ...

Mein Handy vibrierte.

Ha! Die Rettung!

Doch die Nachricht verwirrte mich nur noch mehr:

> **Egal, wo du hingehst – kehre um!!!!**

Das wollte ich. Es schien, als hätte ich die Kontrolle über meinen Körper verloren. Ohne, dass ich es steuern konnte, bewegten sich meine Beine schneller und immer schneller. Ich flog regelrecht durch den dichter werdenden Wald, knorrige Äste peitschten mir entgegen, als wollten sie nach mir greifen. Egal aber, wie schnell ich rannte, der Weg blieb unverändert, bildete den gleichen, schier endlosen Bogen.

Was ist hier los?

Laufe ich die ganze Zeit ...

... im Kreis?

Das ist unmöglich!

Die verstörende Erkenntnis, das Unmögliche durch Logik nicht ausschließen zu können, legte sich wie ein kalter Film auf meine schweißnasse Haut. Ich hastete mit brennenden Lungen voran und erkannte – das war die Angst. Sie kam nicht vom Kopf, sondern fraß sich unaufhaltsam von außen durch die Haut, Zelle um Zelle durch den Körper in meinen Verstand.

Ich rannte durch die Dunkelheit.

Der Hund.

Wo war der Hund?

»Karl-Heinz!«

Ich schrie, dass mir der Rachen brannte.

»KARL-HEINZ!«

Weiter. Raus hier. Raus aus dem Wald. Egal, wohin.

»WO BIST …«

Da! Ein Licht!

Keuchend stolperte ich vorwärts, hielt mir die stechende Seite. Je näher ich kam, desto seltsamer erschien mir das Licht. Ein grünliches, fahles Schimmern, wie durch einen Filter. Eine Hülle, oder … Haut?

Menschliche Haut?

Ein nie dagewesenes Entsetzen packte mich. Es *war* Haut. Und dieser verschwommene Schemen, der mir den Weg versperrte, das war …

Unmöglich!

Direkt vor mir, ein paar Zentimeter über dem Boden, schwebte das Grauen. Der Abgrund. Das Ende.

Die alte Wondraschek.

Besser gesagt das, was von ihr übrig war. Sie trug den Kittel, den sie bei unserer letzten Begegnung angehabt hatte. Unter dem dünnen, geblümten Nylonstoff fluoreszierten die Umrisse ihres skelettartigen Körpers, auf dem knochigen Schädel türmten sich Lockenwickler aus rosafarbenem Plastik.

Der zahnlose Mund öffnete sich.

»*Du … bist … schuld!*«

Geisterhafte, von eisigem Hauch getragene Worte wehten mir entgegen.

Ich stieß einen spitzen Schrei aus, wankte zurück. Meine Knie wurden weich, nur mit äußerster Kraft konnte ich mich aufrecht halten.

»Nicht doch.« Meine Stimme versagte. »Ich ...«

»*Du ... bist ...*«

Ein knochiger Zeigefinger schoss mir entgegen.

»*... SCHULD!*«

»Aber ...« Panik flutete meinen Verstand. »Frau Wondraschek, bei ...«, ich suchte verzweifelt nach Worten, »bei allem Verständnis für Ihre Situation. Juristisch gesehen habe ich mir nichts vorzuwerfen. Auch wenn ...«

Ein Krächzen, das vermutlich ein höhnisches Lachen darstellen sollte, erscholl. Leere Augenhöhlen starrten mich an, fauliger Atem wehte mir ins Gesicht. An mangelnder Pflege der Zähne, schoss es mir absurderweise durch den Kopf, konnte das nicht liegen, schließlich waren keine da.

»*SCHULD! BIST! DU!*«

Die Gestalt wich zurück, begann zu pulsieren. Tentakel wuchsen aus dem Wondraschek'schen Zombierumpf, fünf, sechs, sieben Arme bildeten sich, die plötzlich ein komplettes Rosetti-Premium-Edelstahltopfset der Doktor Sorgenfrei GmbH in den knochigen Händen hielten. Töpfe, Pfannen und Fleischbräter funkelten über mir im fahlen Mondlicht, selbst den Polierschwamm erkannte ich.

Ein weiteres, höhnisches Krächzen erklang, gefolgt von einem ohrenbetäubenden Scheppern, als die Untote begann, wie vom wilden Hans gebissen die Einzelteile der Garnitur gegeneinanderzuschlagen.

»*SCHULD!*«, kreischte es mir entgegen. »*SCHULD! SCHULD! SCHULD!*«

Die Pfannen schepperten im Rhythmus der Worte.

»Lass ab, Alte!«, schrie ich. »Du ruinierst die Beschichtung!«

Mein Fluchen ging im Krachen der Töpfe unter. Die Gestalt stieg höher, schwebte über mir in der Nacht, ein vielarmiges, glühendes Monster, das plötzlich begann, mit sämtlichen Küchengeräten auf mich einzudreschen. Ich duckte mich, schützte den Kopf mit den Armen, aber die Schläge prasselten unbarmherzig auf mich herab. Jetzt, so viel war klar, hatte mein letztes Stündlein geschlagen. Doch dann …

»Karl-Heinz!«

Der Dackel stürmte aus dem Gebüsch.

»Fass, mein Junge! Fass!«

Mit kühnem Sprung ging das gute Tier an die Kehle meiner Peinigerin.

»Mein Freund und Helfer!«, rief ich beseelt. »Mein Retter!«

Ach, welch mutigen, treuen Helden ich doch an meiner Seite wusste! Eine Welle der Rührung durchströmte mich, um im nächsten Moment nackter Panik zu weichen, als ich sah, dass sein Kampf vergebens war.

Mühelos riss sich das Wondraschek-Monstrum den tapferen Dackel vom Hals, reckte die Knochenarme und hielt ihn wie eine Trophäe in den Nachthimmel. Hilflos musste ich mit ansehen, wie Karl-Heinz in den knotigen Fingern zappelte, umgeben von Pfannen, Deckeln und Töpfen. Ein irres Gelächter hallte über die Bäume, die Gestalt flimmerte, löste sich auf und verschmolz mit der Dunkelheit.

Ich hörte ein letztes, ängstliches Winseln, dann war ich allein im finsteren Wald. Wie sollte ich dem Gefährten beistehen? Den Freund den Klauen der fürchterlichen Alten entreißen?

Alles vergebens. Alles vorbei.

Ich vergrub das Gesicht in den Händen, übermannt vom Schmerz über den Verlust des Kameraden und die unsachgemäße Nutzung der Kochutensilien. Schluchzend sank ich danieder auf die harte, staubige Erde, Tränen rannen mir aus dem Geäug, endlose Bäche der Trauer nässten meine Wangen, ein Sturzregen des Kummers ergoss sich über mein Antlitz, Meere, nein, Ozeane schwallten auf mein Gesicht, meinen Hals, schwappten über meine Nase, drohten mich zu ersticken und …

Dreißigstes Kapitel

»Hey!«

Ich kam zu mir. Karl-Heinz hockte auf meiner Brust, leckte mit feuchter Zunge mein Gesicht und sah aus treuen Dackelaugen auf mich herab.

»Mein Freund!«

Noch halb gefangen in der abstrusen Albtraumwelt, umarmte ich den Hund, herzte ihn, glücklich und erleichtert, die Wirklichkeit um mich zu sehen. So verging eine Weile in kuscheliger Zweisamkeit, dann sprang ich aus dem Bett, wusch mir im Bad den Dackelspeichel aus dem Gesicht, putzte die Zähne und begann gemächlich mein Tagewerk: Ich schlenderte in die Küche und setzte Teewasser auf. Es war schon spät, die Sonne strahlte hell durch das Küchenfenster, doch ich hatte Zeit, schließlich hatte der gute Fröhlich mir freigegeben.

Ein anderer wichtiger Punkt stand auf der Tagesordnung.

Die Beerdigung meines Nachtgespenstes.

Und dort musste ich hin. Es war wichtig, ihre Enkelin zu sehen, den Feind zu erkennen. Vor allem aber wollte ich nach dem erschreckend realistischen Zusammentreffen der letzten Nacht einfach sichergehen, dass die Alte auch tatsächlich unter die Erde gebracht wurde.

*

Frohen Mutes schlenderte ich mit Karl-Heinz durch den Park in Richtung Friedhof und genoss den herrlich lauen Sommertag. Die Beerdigung war für fünfzehn Uhr angesetzt, es war noch Zeit, also gönnte ich mir an *Kerstin's Eis-Eck* zwei Kugeln Schoko und erreichte pünktlich den Friedhof. Dort band ich Karl-Heinz an einen Fahrradständer, gab ihm den Rest der Eiswaffel und gelangte durch einen Nebeneingang unauffällig auf das Gelände.

Vorsichtig Umschau haltend, lief ich unter hohen Bäumen zwischen den Gräbern entlang. Ich war auf das Äußerste gespannt. Wie mochte diese Frau, die wie eine Furie auf unschuldige Männer losging, wohl aussehen?

Melancholische Musik wehte heran. Ich folgte dem Klang, und als ich in einen der Seitenwege einbog, entdeckte ich am anderen Ende Huberts hagere Gestalt neben einer efeubewachsenen Mauer. Umgehend ging ich hinter einem steinernen Springbrunnen in Deckung und sondierte die Lage.

Für einen Fremden musste ich wie ein harmloser Spaziergänger wirken, doch von Hubert durfte ich mich nicht ertappen lassen. Er wusste, dass der Chef mir freigegeben hatte. Selbst Huberts schlichtes Gemüt würde eine Ausrede nach dem Motto: *Ich wollte nur kontrollieren, ob alle Gestorbenen noch ordnungsgemäß tot sind*, wohl kaum akzeptieren.

Die Beerdigung näherte sich dem Ende. Hubert hatte die Urne bereits hinabgelassen, schaltete den tragbaren CD-Player aus und entfernte sich gesenkten Hauptes mit einer professionellen Verneigung. Als er sich außer Sichtweite glaubte, streifte er im Gehen die weißen Handschuhe ab, stopfte eine Weinbrandbohne in den Mund und schlenderte kauend davon.

Ich spähte über den Brunnenrand hinüber zum Grab.

Zunächst war niemand zu erkennen, dann trat eine einsame Gestalt aus dem Schatten der Bäume. Ich holte mein Opernglas aus dem Jackett.

Ha! Das musste sie sein!

Ich schätzte die junge Frau auf höchstens Mitte zwanzig. Andächtig stand sie am Grab, eine Sonnenblume in der Hand, den Blick traurig auf die versenkte Urne gerichtet. Sie trug ein graues, enganliegendes Kostüm, einen nackenlangen, braunen Pagenschnitt und hohe Schuhe. Eine schmale, zierliche Erscheinung, die deutlich ungefährlicher aussah als jene Furie, mit der ich nach dem Telefonat gerechnet hatte. Ich überlegte, wie die alte Wondraschek ihre Enkelin am Telefon begrüßt hatte, aber der Name wollte mir beim besten Willen nicht einfallen.

Mein Handy vibrierte.

> **Meike**

Stumm dankte ich dem Weltenmeister, meiner Erinnerung auf die Sprünge geholfen zu haben, und überlegte, was weiter zu tun war. Ich kannte nur ihre Stimme. Ob es sich bei der jungen Frau tatsächlich um jene Meike handelte, vermochte ich nur herauszufinden, indem es mir gelang, sie in ein Gespräch zu verwickeln.

Hatte ich etwas zu riskieren oder verbergen?

Nein.

Trotzdem spürte ich energisches Herzklopfen. Ich zwang mich zur Ruhe, schlich zurück zum Hauptweg, bog in den nächsten Abzweig und näherte mich ihr. Etwa fünf Meter hinter ihr blieb ich stehen.

Und wartete.

Mein Plan ging perfekt auf. Allerdings nur bis hierhin. Denn die Zeit verstrich, ohne dass etwas geschah. Nach einer gefühlten Viertelstunde wartete ich noch immer. Wenn sie ging, musste sie an mir vorbei, um den Hauptweg zum Ausgang zu erreichen. Das war die Gelegenheit, sie wie zufällig ansprechen zu können. Sie machte jedoch keinerlei Anstalten, sich zu entfernen, denn nach weiteren fünfzehn Minuten verharrte sie noch immer regungslos vor dem Grab. Ich wurde ungeduldig, zumal mein linkes Bein eingeschlafen war.

»Abschied nehmen ist schwer«, sagte ich in ähnlich salbungsvollem Ton, wie ihn Fröhlich meist verwendete. »Aber allein ist es noch schwerer.«

Langsam, wie aus einem Dämmerzustand erwachend, drehte sie sich um, sah aus feuchten Augen ausdruckslos in meine Richtung und wandte sich stumm wieder ab.

Anscheinend wollte sie nicht reden. Doch es gab kein Zurück mehr.

Ich trat einen Schritt näher.

»Standen sie Frau Wondraschek sehr nahe?«

Die junge Frau fuhr herum. »Mann! Ich hatte eine Beerdigung *ohne* Redner bestellt!«, gab sie gereizt zurück und verschaffte mir sofort Klarheit. »Was bitte ist daran so kompliziert?«

Es musste jene Meike sein. Der bissige Unterton in ihrer rauen Stimme stand zwar in krassem Widerspruch zu ihrem zarten Äußeren, war aber so markant, dass kein Zweifel möglich war.

Wieder begann mein Herz zu klopfen. Die Vernunft sagte mir, dass es besser wäre, einfach zu gehen. Doch nicht nur mein Interesse an den genauen Todesumständen der Wondraschek hielt mich ab. Da war noch etwas anderes, mir völlig Unbekanntes.

»Sie müssen mich verwechseln.« Ich senkte bekümmert den Kopf. »In meiner Familie ist kürzlich jemand verschieden. Aus … verschiedenen Gründen.«

»Ach so.« Sie musterte mich aus zusammengekniffenen, grauen Augen. »Sorry, tut mir leid, Mann. Du kommst so amtlich rüber mit deinen Klamotten. Ich dachte, du wärst hier der Friedhofspapst.«

Sie wandte sich wieder um. Ein deutlicheres Zeichen, dass das Gespräch beendet war, konnte sie mir nicht geben.

Ich stand hinter ihr, trat von einem Bein aufs andere …

… und wartete.

Was jetzt?

Ein Bellen ertönte. Karl-Heinz tauchte auf dem Hauptweg auf, die Leine schleifte hinter ihm über den Kies. Schnüffelnd tippelte er hin und her, hob schließlich ein Bein und pinkelte kühn an einen Grabstein. Ein gebeugter Mann mit Gießkanne in der Hand trottete vorbei und ächtete den Dackel im Vorbeigehen mit einem vorwurfsvollen Blick. Karl-Heinz, der soeben die letzte Ruhestätte der Familie Finkemöse geschändet hatte, wuselte unbekümmert weiter, entdeckte mich, kam hechelnd auf mich zu, um im nächsten Moment schnurstracks an mir vorbeizulaufen und sich schwanzwedelnd an Meike ranzuwanzen. Zu meinem Erstaunen ging sie in die Hocke und breitete die Arme aus.

»Was bist du denn für ein *Süüüüßer!*«

Karl-Heinz leckte eifrig ihre Hand. Meike stand auf und sah mich an. »Deiner?«

Bisher war jeder ihrer Sätze ein permanenter Vorwurf gewesen. Jetzt klang sie etwas versöhnlicher, ein schwaches Lächeln entblößte eine entzückende Lücke zwischen den Schneidezähnen.

»Ja«, nickte ich und griff nach der Leine.

»Omi hatte auch so einen. Der ist vor drei Jahren gestorben.« Meikes Augen füllten sich mit Tränen. »Na ja, jetzt ist sie wenigstens bei ihm.«

Ich schluckte einen Kloß im Hals hinunter. Nicht einen, insgesamt waren es vermutlich vier.

»Mach's gut, Omi.« Sie warf einen letzten Blick auf das Grab. »Schlaf gut.«

Mit geneigtem Kopf ging sie davon.

Jetzt oder nie. Das war meine letzte Chance.

»Ich dachte ja nur«, rief ich ihr nach, »Sie könnten ein bisschen Beistand gebrauchen!«

Sie reagierte nicht. Nach ein paar Schritten stoppte sie plötzlich und wandte sich trotzig um: »Ich brauch keinen Beistand. Das Einzige, was ich jetzt brauche, ist ein Schnaps. Wenn du mir helfen willst, dann gib einen aus. Und wenn du mir *richtig* helfen willst«, sie pustete eine Haarsträhne aus der Stirn, »dann gib zwanzig aus.«

Unsere Blicke trafen sich. Ich hatte das Gefühl, sie schon ewig zu kennen. Wieder schlug mein Herz, diesmal aber nicht vor Angst.

»Na klar«, stammelte ich. »Da drüben gibt's 'n kleines Kneipencafé.«

Womit nicht mehr zu rechnen war, geschah dann doch. Wir marschierten los. Karl-Heinz, der meine Aufregung zu teilen schien, flitzte aufgekratzt hin und her. Die Leine drohte sich zwischen unseren Beinen zu verheddern. Ich rief ihn barsch zur Ordnung.

»Lass ihn doch.« Meike bückte sich, tätschelte sein Fell. »Sag mal«, sie richtete sich auf, »was machst du eigentlich mit so 'nem Ding auf dem Friedhof?«

»Äh, was?«

Sie deutete auf das Opernglas in meiner Hand. Das

hatte ich völlig vergessen. Hastig wollte ich es in der Hosentasche verstecken, musste aber erkennen, dass dies keinesfalls zielführend war.

»Na, äh … beobachten.« Ich sah hinauf in die Kronen der Bäume. »Vögel und so.«

Unsere Schritte knirschten auf dem Kies. Während wir langsam an der alten Kapelle vorbei in Richtung Haupttor liefen, berichtete ich von Spechten, Kleibern und anderem Getier, das ich tatsächlich mit meinem Fernglas beobachtet hatte. Nur eben nicht heute, auch nicht auf dem Friedhof, sondern vor vielen Jahren im Ferienlager an der Ostsee.

Sie erzählte von den Vogelstimmen, die sie jeden Morgen in ihrem Zimmer höre.

»Na dann«, sagte ich, »stehst du ja ohne Fernglas in genauso engem Kontakt zu den Tieren wie ich.«

Sie lächelte mir zu, und ich vergaß einen Moment, dass diese Frau eigentlich mein Feind war.

*

»Was willst du trinken?«

»Jägermeister.« Meike setzte sich. »Doppelt.«

Das Café lag unweit des Haupttors neben einem auf Grabschmuck spezialisierten Blumengeschäft. Ich rief der Kellnerin das Gewünschte zu, bestellte für mich einen Pfefferminztee und nahm ebenfalls Platz.

»Oh«, lächelte Meike spöttisch. »Teetrinker und Ornithologe. Auch Vegetarier und Buddhist?«

»Nee«, lachte ich. »Oder vielleicht doch. Aber nur jetzt.«

Ich war über mich selbst überrascht. Ich brauchte keinen Schnaps. Mein freudig erregtes Herz war im Moment der bessere Alkohol. Ich fühlte mich locker und gelöst, wie ich's seit Wochen, ja vielleicht seit meiner Kindheit nicht mehr gewesen war.

Die Kellnerin, eine mürrische Blondine mit weißer Schürze, brachte die Bestellung. Karl-Heinz döste unter dem kleinen Tisch. Wir hoben unsere Getränke. Meike ihr eiskaltes, beschlagenes Schnapsglas, ich die dampfende Teetasse.

»Ying und Yang«, schmunzelte sie.

»Ping und Pong«, erwiderte ich.

Sie prostete mir kichernd zu, leerte ihr Glas und wurde ernst.

»Omi hat auch immer Jägermeister getrunken.« Sie sah aus dem Fenster, ihre Augen glänzten feucht. »In der Zeitung hatte sie gelesen, dass eine hundertjährige Chinesin meinte, sie sei nur deshalb so alt geworden, weil sie jeden Tag einen Schnaps trank.« Meike lächelte versonnen. »Okay, hab ich gesagt, ich bring dir 'ne Flasche mit. Und immer, wenn ich sie besucht hab, haben wir uns einen gegönnt. *Auf die hundert* war unser Trinkspruch.«

Wieder hatte ich Klöße im Hals. Diesmal waren es fünf. Mindestens.

»Und wahrscheinlich«, Meike hob die Hand und bestellte noch einen Schnaps, »wäre Omi auch hundert geworden. Aber dann kommt so ein Arschloch und …« Ihre Stimme wurde brüchig. »Ich hab mit dem noch telefoniert. Ich meine, wie kann man nur so fies sein? Den alten Leuten irgendwelche Scheiße andrehen. Und dann ist das Schwein einfach abgehauen. Aber die Bullen ermitteln noch.« Ihr Mund verzog sich zu einem schmalen Strich. »Die werden den Typen schon finden.«

Schweiß brach mir aus. Um mein erbleichendes Gesicht zu verbergen, beugte ich mich unter den Tisch, kraulte Karl-Heinz' flauschiges Fell und versuchte, mich zu beruhigen.

Ich war innerlich zerrissen, dass es weh tat. Einerseits schrie es in mir danach, alles in Erfahrung zu bringen, was die Polizei über den … *Täter* wusste. Auf der anderen Seite wollte ich jede Sekunde mit dem Menschen, in dessen Nähe ich mich glücklich fühlte, unbeschwert auskosten.

Was sollte ich nur tun?

Natürlich, ich hätte versuchen können, alles zu erklären. Doch ihre Anwesenheit, die ich grade als so angenehm und schön empfand, dieser zarte Moment wäre für immer und ewig zerstört. Nein, ich wollte um keinen Preis darüber reden, so, wie ich auch nicht wollte, dass Meike die Enkelin der alten Wondraschek sein musste. Im Moment wünschte ich nichts sehnlicher, als dass alles so blieb, wie es war:

Eine Frau und ein Mann saßen sich in einem Café gegenüber.

Ich richtete mich wieder auf.

»Aber genug von der Scheiße«, sagte Meike. »Jetzt erzähl du mal.«

So erleichtert ich über den Themenwechsel war, so unglücklich war ich, da ich nicht wusste, wo ich beginnen sollte. Ach, wie gern hätte ich Meike alles erzählt! Wie es mir ging, allein in einem verwaisten Haus, umgeben von Kisten mit Topfsets, Stapeln unbezahlter Rechnungen, Fruchtfliegen, die ich längst nicht mehr zählte! Stundenlang hätte ich reden können, wie beschissen es mit Meino lief, der mir mehr und mehr entglitt, nachdem ich nicht einmal in der Lage war, eine dämliche Playstation in Gang zu bringen! All das lag mir auf der Zunge, und länger, viel länger hätte ich ihr zuhören wollen! Mein Herz hatte sich geöffnet, mein Mund wollte es ebenfalls, doch es ging nicht. Nicht ohne den wahren Grund unserer Begegnung zu offenbaren.

Ich blies in den dampfenden Tee und sah aus dem Fenster. Das Friedhofstor glitt auf, Hubert steuerte den Leichenwagen aus der Einfahrt, zündete eine Zigarette an und reihte sich in den Verkehr ein.

»Ach«, seufzte ich, »über mich gibt's nicht viel zu erzählen.«

»Weißt du was?« Meike drehte ihr leeres Glas in den Fingern. »Irgendwie hab ich das Gefühl, dich zu kennen. Deine Stimme kommt mir bekannt vor.«

»Echt?« Ich räusperte mich. Als ich fortfuhr, sprach ich unwillkürlich eine Terz tiefer. »Aber du hast recht, mir kommt's auch so vor, als würden wir uns schon ewig …«

Die Kellnerin knallte ein weiteres Schnapsglas auf den Tisch.

»Wie heißt du überhaupt?«, fragte Meike.

Ich überlegte fieberhaft. War am Telefon ihrer Großmutter mein Name gefallen?

»Dirk«, sagte ich.

Meike kippte den Schnaps hinunter. »Und weiter?«

Sie sah mich abwartend an. Wenn ich jetzt einen Fehler machte, war alles dahin! Dass sie meinen Vornamen kannte, war schon gefährlich genug.

»Na ja«, wehrte ich ab, »mein Nachname klingt so unsexy, dass ich ihn vergessen hab. Meine Kumpels nennen mich einfach Dirk B.«

Sie bedachte mich mit einem verwunderten Blick.

Eigentlich, überlegte ich, klingt das gar nicht schlecht: *DIRK B.*

»Und du?«, fragte ich.

Meike öffnete den Mund.

»Lass mich raten«, unterbrach ich und tat, als würde ich nachdenken. Meine Hände imaginierten magische Gesten. »Maria? Maja? Meike?«

Jetzt war sie vollkommen perplex.

»Sag mal«, sie schüttelte den Kopf. »Woher weißt 'n das?!«

»Sag bloß, das stimmt!« Ich riss scheinbar erstaunt die Augen auf. »Krass!«

Die Kellnerin erschien, erklärte, dass gleich geschlossen würde, und legte die Rechnung auf den Tisch. Ich bezahlte, wir verließen das Café und blieben unentschlossen auf dem Gehweg stehen. Gern hätte ich noch Zeit mit Meike verbracht, endlos, wenn es nach mir gegangen wäre. Doch ich spürte, es war besser, jetzt zu gehen.

»Na dann«, lächelte ich, »man sieht sich. Hier.« Ich holte eine Visitenkarte aus der Innenseite meines Jacketts. »Wir können ja vielleicht mal telefonieren. Oder komm vorbei, wenn du Bock hast.« Jetzt kannte sie meinen Namen. Doch das Risiko ging ich ein. Ich musste sie wiedersehen.

Die Karte stammte noch aus meinen Zeiten als Topfverkäufer. Fünfhundert Stück hatte ich drucken lassen, dies war die erste, die ich benutzte.

»Meine Adresse steht auch drauf.«

»Okay. Sag mal«, Meike hielt die Karte dicht vor die Augen. »Was ist 'n das für 'n Bild unter deiner Telefonnummer? Ist das 'ne Bratpfanne?«

»Nee«, versicherte ich hastig. »Das ist … ein chinesisches Schriftzeichen. Bedeutet Glück. Und, äh … Zufriedenheit«, druckste ich. »Ist ein bisschen verschwommen, der Drucker hat Mist gebaut und …«

Ich verstummte. Keine zwanzig Meter entfernt öffnete sich die Tür der Friedhofsverwaltung. Herr Fröhlich erschien, in ein lebhaftes Gespräch mit einem Gärtner in grünem Overall vertieft. Was wollte der hier? Wenn er mich jetzt sehen würde, flog alles auf!

Ich sah Meike an.

Die nächsten Worte ergaben sich wie von selbst, ich konnte nicht anders.

»Ich liebe dich«, flüsterte ich und rannte davon. Als ich über die Straße lief, ertönte der fragende Ruf meines Chefs hinter mir:

»Dirk?«

*

Aufgewühlt von meiner Begegnung mit Meike, die einen völlig anderen Verlauf als gedacht genommen hatte, saß ich zu Hause. Unruhiger als ich war nur mein Telefon. Die Anrufe meines Chefs (insgesamt fünf) und von Albina (zwei) ignorierte ich. Ein weiterer kam von einer Produktionsfirma mit der Anfrage, ob das Haus am nächsten Tag für einen kurzfristigen Filmdreh zur Verfügung stünde. Zunächst war ich überrascht, dann fiel mir die Locationagentur ein, bei der ich mich neulich registriert hatte, und sagte erfreut zu. Später erhielt ich eine SMS von meinem alten Kumpel Thorben (*hey, altes haus, bleibt's morgen beim bierchen?*), die ich kurz beantwortete (*sehr gerne* ☺). Ohne mir die Zähne zu putzen, schlief ich danach ermattet auf der Couch ein.

In meinen Träumen spielte Familie Wondraschek erneut eine große Rolle. Diesmal allerdings nicht die tote Oma, sondern die lebendige Meike.

Es war kein Albtraum.

175

Einunddreißigstes Kapitel

»Moin«, sagte der junge Mann, als wären wir alte Bekannte und schob sich schnaufend an mir vorbei. Wie selbstverständlich schleppte er zwei große Kisten in den Flur, rückte sein Basecape zurecht und wollte wieder hinaus.

»Bergfalk, guten Tag«, stellte ich mich betont förmlich vor und streckte ihm demonstrativ die Hand entgegen.

Er griff genervt zu, als würde ihn diese kleine Geste wichtige Arbeitszeit kosten und nuschelte etwas, das vermutlich *Hallo, ich bin Björn und hab zu tun* heißen sollte.

»Wohnst alleine hier«, brabbelte er – mehr zu sich selbst als zu mir – und hatte somit Frage und Antwort bereits zusammengefasst.

Dass er mich duzte, ärgerte mich. Noch mehr stieß mir auf, dass er mit seiner Feststellung richtiglag.

Um nicht als Alleinstehender mit finanziellen Nöten in einem zu großen Haus enttarnt zu werden, war ich zeitig aufgestanden und hatte die Wohnung auf Vordermann gebracht. Die Kisten mit den Topfsets hatte ich in Meinos leerem Zimmer gestapelt, die Küche gewischt und sogar ein paar Bilder aufgehängt.

Offensichtlich vergebens.

»Ich hole den Rest«, sagte Björn, »baue auf und richte alles ein. Um elf kommen die Kameras, und um zwölf fangen wir an zu drehen.«

Er zog die Jeans hoch und verschwand nach draußen.

Hinter dem Cabrio parkte ein gelber Kleintransporter mit der Aufschrift *HENGST-FILM* auf der Motorhaube.

»Geht klar«, entgegnete ich so beiläufig wie möglich und schob sicherheitshalber noch ein lässiges *wie immer* nach.

In Wahrheit war es natürlich das erste Mal, dass ich ein Filmteam ins Haus ließ. Logisch, denn mit Albina wäre dies undenkbar gewesen. Dreihundertfünfzig Euro pro Tag; leichter konnte man sein Geld kaum verdienen. Doch dass man von den Mitarbeitern der Produktion dermaßen herablassend, fast schon pampig behandelt wurde, würde ich nicht auf mir sitzen lassen.

Björn schleppte weitere Kisten ins Haus, verteilte Stative im Wohnzimmer und begann, meterweise Kabel für die Scheinwerfer zu verlegen.

»Kaffee?«, fragte ich.

»Schwarz«, erwiderte er knapp, würdigte mich immerhin eines beinahe freundlichen Blickes.

Ich ging in die Küche, schloss die Tür hinter mir und beruhigte Karl-Heinz, der mir aufgeregt entgegenhüpfte. Als ich die Kaffeemaschine anmachte, fiel mein Blick auf mein Handy neben der Spüle: drei Anrufe in Abwesenheit, alle von meinem Chef.

Kein Wunder, es war halb elf. Vor einer halben Stunde hätte ich zum Dienst antreten müssen, Fröhlich wollte wissen, wo ich blieb. Doch heute würde das Institut ohne mich auskommen müssen.

Ich kochte mir einen Tee, nahm den Kaffee und ging ins Wohnzimmer. Björn war mit professioneller Akribie in seine Arbeit vertieft, ich stellte den Kaffee auf den Tisch und setzte mich entspannt auf die Sessellehne. Er bedankte sich und prüfte, wie sich die Schatten im mittlerweile hell erleuchteten Zimmer verteilten.

»Falls du dich fragst, warum ich das mache«, ich rührte in meinem Tee, »also die Locationvermietung und so. Es ist nicht wegen des Geldes.«

Björn sah zu mir herüber. »So?«

»Ich habe Filme schon immer geliebt«, erklärte ich. »Bis heute. *Gute* Filme natürlich. Früher war die Auswahl ja nicht so groß. Als kleiner Junge war ich regelmäßig im Kino und ...«

»Sorry.« Björn stupste mich an, um zwischen mir und dem Sofa ein weiteres Kabel auszurollen. »Kann ich mal kurz?«

»Jedenfalls«, ich stand auf und machte Platz, »bekommt man mit der Zeit ein Auge für gute Filme. Und Licht«, ich setzte mich wieder, »ist das Wichtigste. Ziemlich beachtlich, was ihr für so 'ne Serie hier auffahrt.«

»Ich mach das alles nur wegen der Kohle.« Björn stand auf, streckte den Rücken und erklärte, dass er an der Filmhochschule studiere und etwas dazuverdienen müsse. »Aber der Kaffee«, er deutete auf die Tasse, »schmeckt besser als in der Mensa.«

Es klingelte. Als ich öffnete, standen die nächsten Kollegen vor der Tür, zwei kräftige Männer mit raspelkurz geschnittenem Haar.

»Hi!«, begrüßte ich die beiden. »Ihr müsst die Jungs von den Kameras sein, oder?«

Sie nickten mir freundlich zu, steuerten ins Wohnzimmer und setzten sich auf das Sofa.

»Na?«, fragte ich. »Ihr auch 'nen Kaffee? Der wurde gerade gelobt.«

Wieder nickten die beiden, also holte ich zwei weitere Tassen aus der Küche.

»Ich hab's schon eurem Kollegen erzählt«, erklärte ich. »Ich bin Cineast. Aber gute Filme, also *richtig* gute, die haben's immer schwerer auf dem Markt. Qualität allein reicht nun mal nicht aus, um ...«

»Die verstehen dich nicht«, fuhr mir Björn schroff über den Mund.

»Ach.« Meine eben noch im Aufstieg befindliche Stimmungskurve fiel abrupt ab. »Rede ich vielleicht chinesisch?«

»Nee«, machte Björn mir klar. »Die Kameraden reden nur englisch. Oder russisch.«

»*Pa Russkie?*«, rief ich. »*Otschen choroscho, ja panimaju! Menja sovud*«, ich deutete auf mich, »*Dirk! Dirk, äh ... B.*«*

Die zwei grinsten mich vom Sofa aus an.

»Kolja!«, sagte der linke.

»Wladimir!«, der rechte.

Ich wusste sofort, was zu tun war. Wieder lief ich in die Küche und kehrte mit einer halbvollen Wodkaflasche zurück, die somit den Lausitzer Kräuterschnaps um einige Monate überlebt hatte.

»*Dawai!*«, rief ich. »*Nam nuzhno Wodka!*«**

»*Nam nuzh-na Wodka!*«***, verbesserte mich der, der sich als Wladimir vorgestellt hatte, lachend.

Mit einem Schlag war das Eis gebrochen. Die russischen Kollegen johlten enthusiastisch, während ich vier Gläser füllte.

»*Na sdrowje!*«****

Selbst Björn stieß grummelnd mit an und kippte mürrisch seinen Anteil hinunter.

Ein Bellen drang aus der Küche.

---

*   »Russisch? Astrein, ich verstehe! Ich heiße Dirk! Dirk, äh ... B.«
**   »Los! Wir brauchon Wodka!«
*** »Wir brauch-*en* Wodka!«
**** »Prost!«

»*Eto* Karl-Heinz«, erklärte ich. *Moi* … äh, Wauwau!«*, fügte ich hinzu, nachdem ich vergeblich nach dem passenden Wort gesucht hatte.

»Ah!«, nickte Wladimir. »*Sobaka!*«**

»*V gorodje*«, setzte ich die Konversation mit meinen neuen Freunden begeistert fort, »*nachodiza mnogo Dostoprimeltschadjinosti!*«***

Zum fröhlichen Gelächter schenkte ich eine zweite Runde ein, die ebenfalls beherzt oral verklappt wurde. Björn wirkte zwar deutlich lockerer als noch vor einer Stunde, war aber immer noch Stimmungsbremser genug, den Kollegen in gekonnt klingendem Englisch zu vermitteln, dass in fünfzehn Minuten Drehbeginn sei. Das dritte Glas musste ich deshalb allein trinken. Aber unverdrossen fröhlich.

»*Mei inglisch is not so pörfekt hau mei russian. Sorry plies*«, flötete ich in Richtung des verbissenen Fleißbienchens, »*Mister Oberboss.*«

Dass Björn auf meine harmlose Stichelei nicht reagierte, signalisierte mir, wieder einmal gewonnen zu haben. Diesen Sieg begoss ich mit einem weiteren Wodka.

Während Björn eine schwere Kamera auf ein Stativ hievte, kramte ich noch den ein oder anderen russischen Satz aus dem Gedächtnis. Wladimir und Kolja lauschten schmunzelnd, doch nach einigen Minuten verlor diese Belustigung ihren Reiz.

Logisch. Der Wodka war alle.

Ich schlenderte zur Küche.

»Für welche Serie dreht ihr eigentlich?«, rief ich, dann stoppte ich im Flur, denn mich überfiel ein im wahrs-

---

* »Das ist Karl Heinz! Mein … äh, Wauwau!«
** »Ah! Hund!«
*** »In der Stadt befinden sich sehr viele Sehenswürdigkeiten!«

ten Sinne des Wortes ernüchternder Gedanke. Keinerlei Destillat, das einen vernünftigen Fortgang des vormittäglichen Alkoholverzehrs ermöglicht hätte, war vorrätig.

Hilfe tat Not.

Ich schnappte mein Jackett, um Nachschub zu holen, als es abermals klingelte. Björn wollte öffnen, doch ich war schneller.

»*Mooomentchen*, Held der Arbeit!« Mit einem Ausfallschritt versperrte ich ihm den Weg. »Hier holt der Herr des Hauses die Stars noch persönlich ans Set!«

Ich öffnete.

Drei Frauen standen vor der Tür.

Ich salutierte. »Hereinspaziert!«

»Hallo«, stellte sich die erste vor, ein blasses, schwarz gekleidetes Mädchen mit einer schweren Ledertasche über der Schulter. »Ich bin Sabine, ich mache die Maske.«

Die anderen Damen drängten sich ins Haus, ohne Notiz von mir zu nehmen. Doch ich ließ mich nicht beirren. Nachdem ich Björn und seine russischen Kollegen weichgekocht hatte, würde es mir mit den Neuankömmlingen genauso gelingen.

»Macht's euch gemütlich«, erklärte ich gut gelaunt. »Vati geht kurz einkaufen.«

Ich schloss die Haustür, holte gewohnheitsmäßig die Autoschlüssel aus dem Jackett und steuerte pfeifend auf das Cabrio zu. Im Laufen fiel mein Blick auf mein Fahrrad, das an der Mülltonne lehnte. Ich erinnerte mich des eben getrunkenen Alkohols, und obwohl ich mich hervorragend fühlte, beschloss ich, pflichtbewusst, wie ich nun einmal war, die Hände vom Steuer zu lassen.

*

»Kling, klingelingeling! Hier kommt mein Drahtesel!«

Ich hatte das Lied nicht mehr gehört, seit wir es in der Grundschule hatten lernen müssen. Unvermittelt war es mir wieder eingefallen, und so trällerte ich vor mich hin, während ich vom Parkplatz vor dem Supermarkt auf die Hauptstraße bog. Die Schnapsflaschen (ungeachtet meiner angespannten finanziellen Lage hatte ich sicherheitshalber zwei gekauft) klapperten hinter mir im Korb auf dem Gepäckträger.

»Wenn ich mit ihm durch die Straßen flitz! Wie der Blitz!«

Der Wodka und die frische Luft brachten meine Wangen zum Glühen. Seit Ewigkeiten, so kam es mir vor, war ich nicht mehr mit meinem guten alten Klapprad unterwegs gewesen. Ich fühlte mich frei und glücklich wie lange nicht.

»Kling, klingelingeling! Hier kommt mein *Draaaahteeeesel*!«

Die Sonne schien, die Vögel zwitscherten, und *pling!* – da meldete sich Weltenmeister. Im Fahren kramte ich das Handy hervor:

> Erfolgreich wird man nicht, wenn man nur tut, was man mag.
> Sondern, wenn man mag, was man tut!
> **Jede Betätigung, die dir Gewinn bringt, ist wertvoll!**

Weltenmeister, stellte ich begeistert fest, war in jeder Situation der richtige Ratgeber. Verblüffend, wie schnell ich mich an ihn gewöhnt hatte! Ich akzeptierte ihn mittlerweile vollkommen. Nicht nur das – ich schätzte ihn als unbekannten Freund, als Instanz. Mehr noch, er war mein virtueller Gott. Die Erhabenheit dieses Wissens ließ mein Herz aufgehen. Vor Freude schossen mir Tränen in die Augen.

Ich radelte an den niedrigen Reihenhäusern entlang zu meinem Heim. Der gelbe Transporter parkte halb auf dem Bürgersteig, davor glänzte das schwarze Cabrio in der Sonne. Eine bullige Gestalt lehnte mit verschränkten Armen an der Motorhaube.

»Mensch, Timo!«, rief ich schon von weitem, als ich meinen früheren Kollegen erkannte. Wie lange war es jetzt her, dass wir mit unseren Topfsets um die Häuser gezogen waren? Jahre schienen vergangen zu sein!

»Wie geht's, alte Granate?« Strahlend rollte ich auf ihn zu. »Was machen die Geschäfte?«

Timo kam mir entgegen.

»Echt cool, dich zu sehen!«, rief ich. »Erzähl mal, was ...«

Etwas krachte mit voller Wucht in mein Gesicht.

Und alles wurde schwarz.

*

Als ich zu mir kam, wusste ich zunächst nicht, wo ich war. Mein Kopf dröhnte, Lichtpunkte flackerten vor meinen Augen. Schnapsgeruch stach mir in die Nase, Glasscherben blitzten in einer Wodkapfütze. Mein Fahrrad lag neben mir auf dem Bürgersteig. Das Hinterrad drehte sich noch, lange konnte ich also nicht ohnmächtig gewesen sein.

»Ralf hat dir 'ne Rechnung geschickt«, drohte eine tiefe Stimme über mir.

Blinzelnd hob ich den Kopf. Timo sah auf mich hinab, die massige Faust war noch immer geballt.

»Elftausendsechshundertsiebzig Ocken.«

Mühsam setzte ich mich auf, schirmte die Augen mit der Hand gegen die Sonne ab.

»Echt?«, nuschelte ich zwischen den schmerzenden Lippen hervor. »Da müsste ich mal in meinen Unterlagen nachsehen, wahrscheinlich ist da bei der Buchung was schief-«

Ich wurde unsanft am Kragen gepackt. Timo zerrte mich mit einem Ruck mühelos in die Höhe.

»Der Ralf«, brummte er, »ist ziemlich sauer.«

»Vom, äh … buchhalterischen Ablauf wäre es an ihm, mir eine schriftliche Mahnung zuzustellen«, schlug ich stammelnd vor, während mir Timos Zigarettenatem aus nächster Nähe ins Gesicht wehte. »Laut Gesetzgeber ist er verpflichtet …«

»Der Ralf«, knurrte Timo, »kennt nur *ein* Gesetz. Und das hier …«

RUMMS!

»… ist Paragraph eins.«

Wieder ging ich zu Boden. Schon bevor ich aufprallte, war mein linkes Auge zugeschwollen.

»Und?« Timos Pranke erschien verschwommen in meinem Gesichtsfeld, wedelte fordernd mit den behaarten Fingern. »Haste die Kohle?«

»Nicht vollumfänglich«, keuchte ich. »Aber im Laufe der Woche könnte ich zumindest eine Anzahlung …«

Ein weiterer Ruck, erneut zappelte ich hilflos an Timos ausgestrecktem Arm. Mit der freien Hand griff er in mein Jackett, holte zuerst das Handy hervor, warf es beiläufig ins Gebüsch, um danach die Autoschlüssel aus der Innentasche zu fischen.

Er trat einen Schritt zurück, musterte mich prüfend unter gesenkten Brauen. Als er die Hand hob, duckte ich mich in Erwartung eines weiteren Hiebes, aber Timo strich mein Jackett glatt und ordnete mir sorgfältig den Schlips.

»War nicht persönlich gemeint. Kennst mich doch.«
Er entriegelte das Cabrio, öffnete die Tür.
»Kriegst du vielleicht wieder, wenn die Kohle kommt«, sagte er und raste mit quietschenden Reifen davon.

*

Ich kniete auf dem Bürgersteig, tastete nach meinem Handy. Plötzlich hörte ich den vertrauten SMS-Ton und fand es links von mir unter den Zweigen einer Hecke.

> HIER BIN ICH!

Mit tränenden Augen starrte ich auf das Display, sah mich irritiert um. Dass mich der Weltenmeister auch in dieser äußerst misslichen Situation irgendwie zu beobachten schien, störte mich in meiner Benommenheit nur sekundär.

Mühsam rappelte ich mich auf, rieb den stechenden Rücken. Als ich gebückt auf mein Haus zuhumpelte, hörte ich ein seltsames Quieken. Besorgt überkam mich der Gedanke, eine Gehirnerschütterung davongetragen zu haben. Ich klingelte, und Sabine, die Dame von der Maske, öffnete umgehend die Tür. Augenblicklich verstärkte sich das Quieken zu einem absurden Geheule, woraus ich schloss, dass die Geräusche keine Einbildung waren, sondern aus dem Haus drangen.

»Dreht ihr schon?«, presste ich hervor.

»Alter, dein Gesicht!«, strahlte mich die Maskenbildnerin an. »Absolut geil, das sieht total echt aus! Drehen wir heute was mit Zombies? Wer hat denn das geschminkt?«

Ich taumelte an ihr vorbei in den Flur. Ein spitzer Schrei drang aus dem Wohnzimmer, zu dem enervierenden Heulen gesellte sich ein rhythmisches Gerumpel.

»Was ist denn hier los?« Ich griff nach der Türklinke. »Ist da drinne Indianerangriff?«

»Warte mal«, hielt mich die Maskenbildnerin zurück. »Du kannst da noch nicht rein.«

»Warum?«

»Klingt, als würde Kolja gleich abspritzen.«

»Der will ... *was*?«

Vor meinem geistigen Auge offenbarten sich plötzlich bizarre Zusammenhänge, während im Wohnzimmer das akustische Inferno mehr und mehr anschwoll.

»Sag mal, merkt ihr's noch?«

Ruckartig riss ich die Tür auf.

Ein grunzendes *Jaaaaa!* sowie ein nicht minder verstörendes *Nein!* brandeten mir gleichzeitig entgegen, während ich entgeistert auf vier nackte, eng ineinander verschlungene Menschen starrte. Das brunftige *Ja!* ordnete ich dem verdatterten Kolja zu, das zornige *Nein!* stammte von Björn, der mich umgehend beschimpfte.

»Spinnst du?« Björn stand wutschnaubend hinter der Kamera. »Du kannst doch hier nicht einfach so reinlatschen! Ich fass es nicht, du hast die ganze Szene versaut!«

Kolja sah mich kopfschüttelnd an. Wladimirs erigierter Penis wies vorwurfsvoll in meine Richtung, als wolle er Koljas Anklage unterstützen.

»Versaut? Ich?!« Ich stieß ein hysterisches Lachen aus.

»Das sagt der Richtige! *Ihr* veranstaltet hier den Ferkelkram! Ihr könnt doch hier im Wohnbereich nicht einfach so ... drauflos koitieren!«

Die beiden Damen, die vorhin schweigend mit Sabine ins Haus gekommen waren, saßen nackt auf dem Sofa. Ich war dermaßen fassungslos, dass ich mich nur noch in abgehackten Wortgruppen zu artikulieren vermochte.

»Ich meine – ihr könnt doch hier – nicht tatsächlich – FICKEN! In – in – meiner guten Stube?«

»Deinetwegen«, blaffte Björn, »können wir die ganze Scheiße noch mal von vorn drehen!«

Kolja und Waldimiv sahen ratlos umher. Offensichtlich verstanden sie nicht. Da mein Russisch in dieser Ausnahmesituation an seine Grenzen stieß, ging ich in die Englischoffensive.

»*Not* ... äh, *ficking*!« Ich wedelte mit den Armen. »*Sometimes stops the Joke!* Oder muss ich deutlicher werden?«

»Gerne«, erwiderte Björn trocken. »Bleib mal lieber beim Deutsch, Alter.«

»Also, irgendwann hört der Spaß auf!«, übersetzte ich. »Verstehste? Ich meine, ich hab ... Kinder!«

»Na und?«, rief Björn. »Ich auch! Mann, HENGST-Film!? Denkst du, wir drehen Naturreportagen für Arte? Oder ...«

»Jetzt reichts aber.« Eine der Damen stand auf, schob Björn resolut beiseite und kam mit wippendem Busen näher. »Mann, Mann, Mann.« Sie bedachte mich mit einem mütterlichen Blick. »Du siehst aus wie vom ICE überrollt. Tut's dolle weh?«

Meine Wut implodierte, mit einem Schlag war mir zum Heulen. Ich nickte heftig, was das Dröhnen in meinem lädierten Kopf noch verstärkte.

»Guck mal in meiner Tasche, Jenny«, sagte sie über die Schulter zu ihrer Kollegin. »Da ist 'ne Packung IBU fünfhundert. Und bring 'n Glas Wasser mit. Danach«, sie deutete auf Wladimirs abklingende Erektion, »bläst du ihm einen, und wir machen weiter. Und du«, sie wandte sich wieder an mich, »nimmst jetzt 'ne schöne Tablette und legst dich 'n bisschen in die Heia.«

Jenny kam auf ihren unpraktisch hohen Schuhen herbeigestöckelt und brachte das Gewünschte. Während ich die Tablette gehorsam mit einem Schluck Wasser hinunterspülte, hörte ich, wie sie sich geräuschvoll an Waldimiv zu schaffen machte.

»Das ist alles doof gelaufen«, stammelte ich. »Sorry, tut mir echt leid. Die App meinte, das wäre 'ne gute Idee. Mit euch und so.«

»App?« Die Nackte neigte skeptisch den Kopf. »Was'n für 'ne App?«

»Kennst du bestimmt nicht«, winkte ich ab. »Der Weltenmeister.«

Sie hob eine Augenbraue.

»Der beobachtet mich quasi«, nuschelte ich. »Und sagt mir immer, was ich machen soll. Verstehste?«

»Klar«, nickte sie ernst. »Ich bin nicht sicher, ob Ibuprofen bei deiner Sorte Sorgen wirklich weiterhilft, aber ich denke«, sie nahm meinen Arm und führte mich in den Flur, »du legst dich erst mal schön hin und danach …«

Die Türklingel schrillte auf.

»Was'n jetzt noch los?« stöhnte ich, riss die Tür auf, um im nächsten Moment so heftig zurückzutaumeln, dass ich das Gleichgewicht verlor. Geistesgegenwärtig legte die nackte Dame ihren Arm um meine Schulter und hielt mich fest.

»Hallo Meike«, stammelte ich. »Schön, dass du mich so schnell besuchen kommst.«

»Er ist 'n bisschen durch den Wind«, erklärte die Nackte

und tätschelte meine verschorfte Wange. »Aber das wird schon wieder.«

Meike sah mich mit großen Augen an, dann wanderte ihr Blick an mir vorbei in den Flur. Aus dem Wohnzimmer drangen wieder eindeutige Geräusche.

»Also, äh …« Ich leckte etwas Blut von der Oberlippe. »Ich weiß …«

Sie machte kehrt und rannte davon.

»Meike!«, rief ich ihr nach. »Es ist nicht das, wonach es aussieht!«

Doch sie war schon weg.

Zweiunddreißigstes Kapitel

»… Herr Bergfalk, Sie haben einen wirklich guten Eindruck in der Firma hinterlassen und jetzt enttäuschen Sie mich so und erscheinen nicht zum Dienst. Bitte melden Sie sich umgehend! Wir werden eine Lösung finden, um gemeinsam …«

Ich drückte die Mailbox weg. Obwohl der sonore Bariton meines Chefs umgehend verstummte, verblieb in meinem Schädel ein verheerend dröhnender Nachhall. Wie, fragte ich mich, konnte ein so großer Schmerz überhaupt in einen so kleinen Kopf hineinpassen?

Ich hatte mindestens zwölf Stunden geschlafen, trotzdem erschien mir der kurze Weg ins Bad wie ein endloser Höllentrip. Die kleinste Bewegung tat weh. Ein Blick in den Spiegel bestätigte meine schlimmsten Befürchtungen: Das linke Auge war dramatisch geschwollen, unter dem rechten prangte ein Veilchen, dessen koloristische Verläufe die gesamte Bandbreite der Spektralfarben spiegelten. Timo hatte ganze Arbeit geleistet. Den Versuch, die Zähne zu putzen, ersparte ich mir und schleppte mich in die Küche.

Auf dem Tisch entdeckte ich neben einer Kondompackung die halbvolle Schachtel mit Schmerztabletten, die eine der hilfsbereiten Damen entweder vergessen oder mir aus purem Mitleid zum Frühstück zurückgelassen hatte.

Sie schmeckten gut.

Stärker als alle körperlichen Leiden jedoch schmerzte die absurde Begegnung mit Meike. Wie sollte – zusätzlich zu allen anderen Verstrickungen, die es unmöglich machten, mich ihr zu offenbaren – diese Situation jemals plausibel zu erklären sein? Es schien ausgeschlossen, Meike jemals unter etwas wie *normalen Umständen* zu begegnen. Diese Erkenntnis war niederschlagend. Wie momentan eigentlich alles. Eine kurze Gewinn-Verlust-Bestandsaufnahme der letzten Wochen ergab eine eindeutige Tendenz: negativ.

Albina weg. Job weg. Auto weg. Meike weg. Gesicht weg (zumindest teilweise).

Diese Auflistung erhob nicht einmal Anspruch auf Vollständigkeit.

Einzig, dass meine gestrigen Besucher ebenfalls weg waren, schlug positiv zu Buche. Nur ein schaler Geruchscocktail aus Schnaps, Schweiß und Parfüm erinnerte an ihr unsägliches Treiben.

Eine feuchte Schnauze stupste an mein Hosenbein. Karl-Heinz tippelte zu seinem leeren Napf und sah mich erwartungsvoll an.

Immerhin, er war noch da.

Ich war zu schwach, meine Tierfuttertestreihe fortzusetzen, also verabreichte ich ihm standardmäßiges Hundefutter *(Hilti-Bekennerfleisch)* zum Frühstück, welches er zunächst argwöhnisch beschnupperte, um es danach enttäuscht stehen zu lassen. Mit einem vorwurfsvollen Blick verließ er die Küche und verschwand in Meinos Zimmer.

Erschöpft schlich ich in den Flur, strandete im Wohnzimmer und überlegte, was nun zu tun sei. Timo würde wiederkommen, ohne Frage. Wie sollte ich mehr als zehntausend …

elftausendsechshundertsiebzig
… Euro auftreiben?

Mir blieb nur eine Wahl. Ob ich wollte oder nicht – ich musste das Haus verkaufen. Schleunigst. Sicherlich hatte Albina längst etwas in die Wege geleitet, aber ich konnte nicht tatenlos herumsitzen. Ich brauchte einen Makler oder etwas Ähnliches. Jemandem wie Sören und seinem dubiosen Umfeld traute ich nicht mehr über den Weg.

Patrizia fiel mir ein. Am Morgen nach Sörens Geburtstagsparty hatte sie ihre Immobiliengeschäfte erwähnt. Wenn ich mir eine plausible Geschichte ausdachte und den Hausverkauf geschickt begründete, konnte ich sie ohne Gesichtsverlust (welches ohnehin ramponiert war) dazu bewegen, mir behilflich zu sein.

Ich startete den Computer. Sofort erschien eine Mail *(Betreff: Unentschuldigtes Fernbleiben)* von meinem Arbeitgeber. Mein Chef versuchte es auf allen Kanälen. Irgendwie musste ich ihn beruhigen.

Mein Handy meldete sich:

> Sei geschickt!
> Zwang und Druck sind die Werkzeuge des Einfältigen.
> Der Kluge verwendet das **flutschige Zäpfchen** des schlechten Gewissens!

Mein Vertrauen in den Weltenmeister war angeknackst. Sicherlich, gestern hatte er mir irritierenderweise geholfen, mein Handy zu finden. Doch war er es nicht gewesen, der mich mit all seinen Tipps in diese aussichtslose

Lage gebracht hatte? Auch das, was er mir jetzt schrieb, erschien mir sinnlos. Was wollte er mir sagen?

Missmutig stierte ich auf das Display, als eine zweite Nachricht erschien:

> Ein Bild sagt mehr als tausend Worte ☺

Natürlich! Mir war, als hätte sich in meinem Kopf eine dritte Gehirnhälfte zugeschaltet, denn mit einem Mal realisierte ich kognitiven Vollzug. Welch kluger Hinweis des Weltenmeisters!

Sofort hatte ich einen Plan.

Via Facetime kontaktierte ich meinen Boss, nicht ohne vorher zu prüfen, aus welcher Handy-Perspektive sich meine Wunden am effektvollsten präsentieren ließen. Wie erwartet, versetzte mein Anblick ihm einen Schock (*Herr Bergfalk! Sie sehen ja furchtbar aus!*). Auf seine besorgte Nachfrage erklärte ich, auf dem Weg zum Friedhof einen Unfall gehabt zu haben.

»Sie hatten mir ja netterweise freigegeben. Aber ich wollte dann trotzdem auf Arbeit, um Hubert zu helfen. Als ich über die Straße bin, hat jemand meinen Namen gerufen. Ich war abgelenkt und bin kurz danach von einem Fahrrad umgefahren worden.«

»Oh Gott, das war vermutlich ich!« Fröhlich war sichtlich betroffen. »Ich hatte mich noch gewundert, dass ...«

»Nur ein paar Schürfwunden«, wiegelte ich tapfer ab. »Gebrochen ist nichts.«

Natürlich verstand er, dass ich mich auskurieren musste.

»Falls Sie irgendwas brauchen, Dirk ...«

Das, erwiderte ich, sei nicht der Fall, verabschiedete mich rasch und ließ ihn mit seinem schlechten Gewissen allein.

Es lief hervorragend. Natürlich durfte ich auch Albina den Genuss meines Anblicks nicht vorenthalten.

*

»Mein Gott, Dirk! Was ist passiert?«

»Ist nicht so schlimm, wie's aussieht. Meino ist ja eigentlich heute bei mir, ich wollte dich fragen …«

»Klar können wir das verschieben. Was ist denn eigentlich …«

»Ach, lass uns nicht über die paar Kratzer reden. Wie geht's *dir* denn? Läuft's wieder besser mit Arnulf?«

»Wieso sollte es …«

»Lass dich nicht entmutigen, Albina. Gerade an Krisen kann man wachsen. Ganz liebe Grüße an Arnulf. Ihr seid ein tolles Paar. Ich wünsche euch jedenfalls das Beste. Tschüssi.«

*

Ich konnte mich nicht erinnern, Albina jemals so mitfühlend erlebt zu haben. Sie schien ihre Entscheidung, mich zu verlassen, tatsächlich zu bereuen. Ich registrierte eine gewisse Befriedigung, doch wenn ich ehrlich war, hatte ich sie in letzter Zeit kaum noch vermisst. Mit Meike hatte mein libidinöser Raubtierblick eine neue, wesentlich attraktivere Beute erspäht.

Vorsichtig betastete ich mein geschwollenes Gesicht, dachte an Albinas besorgten Blick. Allein das Funkeln in ihren Augen zu sehen war alle Leiden wert.

Schnell schrieb ich noch eine SMS an Thorben, natürlich mit Foto (*Entschuldige bitte, mir ist gestern was dazwischengekommen. Das Bier holen wir nach. Wir sehen uns übermorgen auf der Sitzung, ich bereite etwas vor.*) und schaltete mein Handy aus.

Es war kurz vor Mittag, Staubflocken tanzten in den Strahlen der Nachmittagssonne. Sowohl die Tabletten als auch die erfolgreich geführten Konversationen zeigten Wirkung, es ging mir deutlich besser. Ich legte mich auf die Couch und musste sofort wieder an Meike denken.

Ach, Meike.

Mir war, als hätte ich noch nie mit solch angenehmen Empfindungen an einen Menschen gedacht. Sie machte mich glücklich.

Ich wusste, gemeinsam könnten wir *noch* glücklicher sein.

Und ich wusste auch: Es war besser, wenn ich sie nie wiedersehen würde.

Dreiunddreißigstes Kapitel

Ich wurde vom Klingeln an der Haustür geweckt. Als ich verschlafen öffnete, stand Norbert auf dem Treppenabsatz. Mein ehemaliger Kollege prallte zurück, als wäre ihm der Leibhaftige erschienen. Was, wie ich fand, nicht ganz abwegig war. Mein Äußeres hatte sich meiner inneren Wandlung angepasst.

»Was is?«, presste ich gereizt hervor.

Norbert starrte mich durch die randlose Brille an. Sein offener Mund bildete ein klaffendes Loch im Vollbart.

»Die Kohle ist immer noch nicht auf dem Konto«, erklärte er, nachdem er sich halbwegs gefangen hatte. »Einunddreißigtausendvierhundertzwölf Euro.«

Ein Frösteln kroch meine Arme hinauf, obwohl mir die Sonne direkt ins Gesicht schien.

»Ich hatte dir drei Wochen gegeben«, fuhr Norbert fort. »Das hat sich geändert.«

Kies knirschte hinter ihm auf der Straße. Ein Streifenwagen tauchte auf, fuhr im Schneckentempo vorbei. Der Polizist am Steuer war nur undeutlich zu erkennen, doch ich spürte, dass er mich direkt ansah.

Die wissen, dass ich bei der Wondraschek war. Die sind hinter mir her. Die kennen meinen Namen. Die werden mich …

»… und wenn das Geld dann nicht da ist … sag mal, hörst du mir überhaupt zu?«

»Äh …« Ich zwinkerte verwirrt. »Worum geht's …?«

»Ich sagte«, wiederholte Norbert gereizt, »dass wir nächsten Donnerstag das Finanzamt in der Schule haben! Buchprüfung!«

Ein wütendes Kläffen drang aus der Küche, als wüsste Karl-Heinz, wer da vor der Tür stand. Der Streifenwagen verschwand hinter der Hecke des Nachbarhauses.

»Ich hätte dich schon längst anzeigen sollen«, sagte Norbert. »Ich hab's nicht gemacht. Bisher jedenfalls. Also, du hast noch drei Tage.«

Er musterte mich einen Moment von Kopf bis Fuß.

»Sag mal«, fragte er dann unvermittelt, »brauchst du Hilfe?«

Ja!, dachte ich sofort.

Ich brauche jemanden, mit dem ich über alles reden kann. Jemanden, der mir Mut macht und kurz für mich da ist und mir irgendwie hilft, aus diesem ganzen Elend herauszukommen.

Ich kannte Norbert seit über zehn Jahren. Eine Sekunde lang spielte ich tatsächlich mit dem Gedanken, mich ihm zu offenbaren. Aber nein, diesen Triumph würde ich ihm nicht gönnen.

»Du hast mich völlig grundlos in die Scheiße geritten«, sagte ich leise. »Du und Constanze. Und jetzt willst du den Samariter spielen? Nee, Freundchen.« Ich schüttelte den Kopf. »So läuft das nicht. Du hast ein Schicksal zerstört, Norbert. Damit musst du jetzt leben.«

Ich ließ mein geschundenes Gesicht noch drei Sekunden auf ihn wirken, dann knallte ich ihm die Tür vor der Nase zu.

*

Die Welt war, ist und bleibt ungerecht.
Wer das nicht spürt, hat kein Herz.
Aber es gilt, diese emotionalen Wallungen
mit flammendem Kalkül zu bändigen.
Als der frühe Urmensch einen konkurrierenden
Nebenbuhler erschlug, plagte ihn sicherlich
ein schlechtes Gewissen.
Zu Recht. Denn nicht immer bedarf es
einer Keule. Manchmal führt – bei einem
Diabetiker zum Beispiel – ein Quarkkeulchen
zum gleichen Ergebnis.

Sei subtil! Arbeite geschickt! Melancholische
Empathie ist Ballast! Weg damit! **Trau dich,
sei ein Arschloch!** Die Menschen werden
dich trotzdem lieben!

Warum?
Ganz einfach:
Es darf nur niemand merken.

*

Von: dirk.b.@freiekreativschule.de
An: puhvogel78@yahoo.de

(Kein Betreff)

Lieber Roland,
wir kennen uns schon lange. Du weißt, dass ich dich nicht nur als stellvertretenden Vorsitzenden unseres Vereins betrachte, sondern auch (und vor allem) als Freund.
Roland, ich muss dir heute ein paar Dinge anvertrauen. Dieser Schritt fällt mir sehr schwer, aber unser gemeinsames Projekt liegt mir so am Herzen, dass ich mich dazu gezwungen sehe.
In der Buchhaltung sind mir in letzter Zeit vermehrt Unregelmäßigkeiten aufgefallen. Nur durch Zufall wurde ich darauf aufmerksam. Ich wies Constanze mehrmals auf die Thematik hin, aber seltsamerweise wich sie mir immer aus.
Norbert hingegen hat mich bei mir zu Hause aufgesucht. Angeblich, um über die finanzielle Situation zu sprechen. Arglos bat ich ihn herein. Nach einem verzehrten Bier machte er mir auf dem Sofa jedoch eindeutige Avancen, die ich ganz klar als sexuell übergriffig deklarieren muss.
Es geht nicht um mich, Roland, ich kann mich schützen (obwohl mich Norbert übel zugerichtet hat, siehe Foto im Anhang). Doch was ist mit all den hilflosen Schülerinnen und Schülern, die ihm anvertraut sind?
Ob beide Vorfälle im Zusammenhang stehen, kann ich nur vermuten. Aber wie du weißt, wurde ich wenige Tage später suspendiert. Ich glaube, mehr muss ich nicht erklären. Es steht zu befürchten, dass unser

System der Offenheit und des Vertrauens missbraucht wurde.

Es liegt mir fern, jemanden zu verdächtigen, doch wenn zwei Mitglieder des Vorstands versuchen, mich unter Druck zu setzen und mit willkürlichen Argumenten mundtot zu machen, müssten dann nicht überall die Alarmglocken angehen?

Ich hoffe natürlich von ganzem Herzen, dass sich alles positiv aufklärt.

Dein Dirk

*

Ich schickte die Mail ab, schloss den Laptop und lehnte mich zufrieden zurück. Norbert hatte mir die Pistole auf die Brust gesetzt, doch ich hatte den Rat des Weltenmeister befolgt und mich anstelle einer Kanonenkugel mit ein paar Mausklicks verteidigt.

Ich ging zum Fenster, sah auf die Straße. Weit und breit kein Streifenwagen. Logisch, das war eine Routinefahrt gewesen, mehr nicht. Man konnte sich Probleme auch einbilden.

Und die dreißigtausend Euro?

Keine Frage, *dieses* Problem war real, doch ich war sicher: Der Tag würde kommen, an dem ich laut darüber lachen würde.

Jetzt konnte ich schon mal leise schmunzeln.

Vierunddreißigstes Kapitel

> Ausbeutung. Gier. Egoismus. Synonyme, die immer wieder mit dem Kapitalismus assoziiert werden. Doch warum hat es der Mensch evolutionstechnisch so weit gebracht? Weil er sein eigenes Fortkommen, sein eigenes Überleben in den Mittelpunkt gerückt hat und nicht die Interessen seiner Gattung. Egoistisches Bestreben, das wiederum die Entwicklung der menschlichen Spezies vorangetrieben hat: **Ein Schwanz, der sich ins Gesicht beißt.**

Ich saß in der Küche und las in den Aufzeichnungen des Weltenmeisters. Am Abend stand die Kreisvorstandssitzung der *Linken Liste* an. Von Thorben war zwar seit Tagen kein Lebenszeichen zu vernehmen gewesen, doch ich war fest entschlossen, an der Versammlung teilzunehmen.

Zunächst hatte ich mit dem Gedanken gespielt, eine Art Bewerbungsrede vorzubereiten, schließlich war dies der Startschuss meiner politischen Karriere. Nach langem Überlegen hatte ich mich dagegen entschieden, es hätte womöglich berechnend gewirkt, gleich während meiner ersten Teilnahme mit privaten Ambitionen vorzupreschen. Ich erachtete es als vernünftiger, mich situativ in das Momentum hineinzuspüren, um dann im geeigneten

Augenblick spontan zu reagieren, gestützt auf das Wissen, das mir der Weltenmeister vermittelte.

> Die redseligen Apologeten der Mär von Gleichheit, Harmonie und Brüderlichkeit werden nicht müde zu wiederholen, der Mensch sei ein durch evolutionäre Entwicklung sozial geprägtes Wesen. Angeblich hätte er in grauer Vorzeit bei gemeinschaftlicher Nahrungssuche und Verteidigung seines Lebensraumes die Vorteile des kollektiven Miteinanders so sehr verinnerlicht, dass sie zum elementaren Bestandteil des menschlichen Wesens wurden.
> Richtig, der Mensch sucht die Gemeinschaft.
> Doch selbst die kleinste Gruppe ist durch dynamische Rangordnung strukturiert, und jede Gemeinschaft ist nur so gut wie ihr Anführer.
> Doch nur einer kann führen.
> Wer?
> Der Stärkste? Der Klügste? Der Schönste?
> Merke:
> **Die Hyänen folgen als Erste dem Gebrüll des lautesten Löwen!**

Diese Thesen standen in krassem Widerspruch zur politischen Maxime der *Linken Liste*. Doch der Weltenmeister lag richtig. Gerechtigkeit und Solidarität mochten zwar im humanistischen Sinne als gut und edel erscheinen, durch die Brille marktwirtschaftlicher Realität betrachtet, erwiesen sie sich jedoch schnell als sozialromantische Luftschlösser.

Ich stand also vor einem Dilemma. Den Luxus, mir gemütlich eine Partei zu suchen, die möglicherweise besser zu meinen politischen Überzeugungen passte, hatte ich nicht.

Denn natürlich interessierte mich im Wesentlichen die wirtschaftliche Komponente. Wenn ich mich zu einer Wahl aufstellen ließ und in ein Parlament einzog, bedeutete dies finanzielle Sicherheit und die, so viel war klar, spielte momentan eine keinesfalls untergeordnete Rolle, wie mir der unangenehme Zusammenstoß mit Timo äußerst schmerzhaft offenbart hatte. Schmerzhaft in doppelter Hinsicht, denn auch nach zwei Tagen ließ mich ein zufälliger Blick in den Spiegel erschrocken zusammenzucken.

Aufgrund meiner persönlichen Situation war ich also auf einen raschen Karriereaufstieg angewiesen und von Thorbens Hilfe als parteiinterner Fürsprecher abhängig. Aber sollte ich deshalb den opportunistischen Speichellecker mimen? Den Leuten erzählen, was sie hören wollten? Das ewig gleiche, einlullende Gesabbel?

Nein, im Gegenteil.

Ich würde wie immer ich selbst sein. Und für meine Prinzipien eintreten. Besser gesagt, für meine *neuen* Prinzipien, die Prinzipien des Weltenmeisters:

> Die Lösung sozialer Probleme erfolgt nicht durch zahnlos tätschelnde Gleichmacherei, sondern durch die Akzeptanz von Stark und Schwach, von Arm und Reich. Kurz gesagt:
> Geben ist gut.
> Aber:
> **Nur wer hat, kann geben!**

Das Handy klingelte, mein Chef meldete sich. Ich drückte den Anruf weg, jetzt war keine Zeit für Gespräche.

Je mehr ich darüber nachdachte, desto logischer erschien mir, eine Karriere als Politiker anzugehen. Ich hatte Ideen. Ich hatte Energie. Ich konnte gut reden. Und ich mochte den Umgang mit Menschen. Warum sollte sich das nicht transportieren lassen? Allein meine pädagogische Fachkompetenz musste die Menschen doch überzeugen, beim Urnengang meinen Namen anzukreuzen.

Und mit Urnen, dachte ich mit einem Blick auf die Nummer des Beerdigungsinstituts auf dem Display, kannte ich mich ja inzwischen auch aus.

Ich musste lachen über diese köstliche Doppeldeutigkeit. Auch mein herrlicher Humor war ein großes, nicht zu unterschätzendes Plus!

Karl-Heinz döste neben dem Mülleimer. Gut gelaunt füllte ich seinen Wassernapf und kochte mir einen Tee. Alles war vorbereitet, ich war ideologisch gerüstet.

PLING!, meldete sich der Weltenmeister:

> Was immer du machst – mach es groß.
> **THINK BIG!**

Natürlich! Warum sollte ich die politische Bühne nicht mit einem Feuerwerk betreten? Ich ging in die Besenkammer neben Meinos Zimmer, wo neben anderen Pyroartikeln eine Packung mit Zimmer-Fontänen lag. Als Meino noch klein war, hatte Albina sie immer auf seinen Geburtstagskuchen gesteckt und einen niedlichen, aber effektvollen Goldregen fabriziert.

Mir kam ein weiterer Gedanke:

Ich brauchte ein pfiffiges Wahlplakat.

Euphorisiert sah ich auf die Uhr. Wenn ich mich sofort an den Computer setzte und ein flottes Layout entwarf, blieb noch genug Zeit, um in den Copyshop zu fahren. Umgehend wollte ich meinen Plan in die Tat umsetzen, doch mein Handy informierte mich über eine neue Nachricht auf der Mailbox:

Lieber Dirk, ich hoffe, Sie sind auf dem Weg der Besserung. Natürlich müssen Sie sich in aller Ruhe auskurieren. Frau Rose lässt Sie herzlich grüßen und bittet um Zustellung des ärztlichen Attestes. Sie wissen ja, bei einer Krankschreibung müssen die Formalitäten eingehalten werden, auch wenn es …

Ich schloss die Mailbox.

Ach, der gute Herr Fröhlich war ein wirklich netter Chef! Er hat sich mir gegenüber stets korrekt und fürsorglich verhalten. Sollte ich ihm jetzt, im Angesicht meiner neuen Karriere, meine Kündigung vor die Füße werfen? Einfach so? Konnte ich ihn so enttäuschen? Nein, so undankbar war ich nicht, ich war weder kaltschnäuzig noch gefühllos genug, eine solche Respektlosigkeit übers Herz zu bringen.

Ich beschloss deshalb, mich einfach nicht mehr bei ihm zu melden. Anfänglich würde er sich wohl ein wenig wundern, doch irgendwann, da war ich sicher, gewöhnte er sich an mein Fernbleiben und behielt mich somit in guter Erinnerung.

Zwar war dieser Weg auch für mich nicht leicht, doch ich handelte nach meiner Überzeugung: achtungsvoller menschlicher Umgang erfordert Opfer.

Und zwar von jedem von uns.

Fünfunddreißigstes Kapitel

Kreisvorstandssitzung.

So nüchtern das Wort, so nüchtern auch der Ort des Zusammentreffens: Ein gesichtsloser Bürokomplex mit dem Charme einer frisch gefliesten Flughafentoilette. Immerhin, schön gelegen neben dem Stadtpark, in dem ich gemütlich umherschlenderte, um unter den alten Bäumen eine vorfreudige Ehrenrunde zu drehen.

Ich hatte nicht vor, den halben Abend unbemerkt in der zweiten Reihe zu dümpeln. Mein Plan war, taktisch geschickt erst fünfzehn Minuten nach dem offiziellen Beginn der Versammlung zu erscheinen. Zwangsläufig würde jeder von mir Notiz nehmen müssen, und Thorben konnte die Gelegenheit nutzen, mich entspannt der versammelten Mannschaft vorzustellen. Somit würde ich einen effektvollen Auftritt erhalten.

Als ich das Bürohaus betrat, klingelte mein Handy. Thorben, schoss es mir durch den Kopf, wartete bereits ungeduldig auf mein Erscheinen, doch es war Patrizia, die mich anrief. Seit sie nach Sörens Geburtstagsparty bei mir übernachtet hatte, waren ein paar Wochen vergangen. Der Verkauf des Hauses stand zwar noch an, doch dafür würde ich ihre Hilfe später in Anspruch nehmen. Im Moment standen wichtigere Dinge auf meiner Prioritätenliste. Ich ignorierte den Anruf und lief durch das Treppenhaus zum Versammlungsraum in der zweiten Etage, vorbei an Dutzenden Wahlplakaten der Partei.

Die Tür zum Versammlungsraum war bereits geschlossen. Auf einem Plakat neben einem Ständer mit Werbeprospekten entdeckte ich ein mir bekanntes Gesicht. *SOZIAL DIGITAL*, stand in fetten Großbuchstaben über Thorbens Porträt. *FÜR EINE MODERNE DEMOKRATIE – THORBEN WIEBRECHT*, war darunter zu lesen.

Ich hatte Thorben seit fünf Jahren nicht gesehen, doch auf dem Foto wirkte er dynamisch und enthusiastisch wie eh und je. Der dunkle Rollkragenpullover und das mittlerweile an den Schläfen ergraute Haar ließen ihn lässig und seriös zugleich wirken. Ein markantes Lächeln im gebräunten Gesicht präsentierte beinahe das komplette, strahlend weiße Gebiss.

Ein paar Minuten Zeit hatte ich noch. Also klemmte ich das zusammengerollte Plakat unter den Arm, ging schräg gegenüber zur Herrentoilette und betrachtete mein Gesicht im Spiegel über dem Waschbecken.

In den letzten Tagen waren die Blutergüsse unter den Augen zu dunklen, pflaumenmusfarbenen Flecken mutiert. Die Schürfwunden bildeten ein verkrustetes Geflecht auf den Wangen, meine geschwollene Oberlippe heilte allmählich und war immerhin wieder als solche zu erahnen.

Ich war meilenweit davon entfernt, eine ähnliche optische Wirkung wie Thorbens Lächeln zu erzielen. Nur mit Mühe gelang es mir, zumindest einen kleinen Teil meiner oberen Zahnreihe freizulegen. Es erforderte eine Menge Kraft, die Mundwinkel mit aller Gewalt nach oben zu reißen, bereits nach wenigen Sekunden drohten dem Ungeübten unangenehme Krämpfe der Gesichtsmuskulatur. Wenn meine Wunden verheilt waren, würde ich daheim vor dem Spiegel eine Menge Trainingsarbeit leisten müssen, doch ich war bereit, auf meinem Weg nach oben Entbehrungen in Kauf zu nehmen.

Momentan war ich jedoch nicht hier, um die Menschen durch mein Äußeres zu beeindrucken. Später im Wahlkampf würde sich das natürlich ändern, dann würde ich nicht nur mit Argumenten, sondern auch durch sympathisches, eloquentes Auftreten punkten müssen.

Ich verließ die Toilette, blieb vor dem Versammlungsraum stehen. Irgendwann würde neben Thorbens Plakat ein neues hängen. *Mein* Plakat. Nicht nur hier, sondern in der ganzen Stadt. Ich dachte an Meino.

Wie stolz würde er auf seinen Vati sein!

Es war so weit. Ich griff nach der Klinke, atmete tief durch, riss energisch die Tür auf und sah …

Nichts.

Zunächst jedenfalls.

Ich hatte mit angeregt debattierenden Menschen gerechnet, mit einem Podium, von dem aus Thorben als Chef des Ganzen die Diskussion leitete. Zu meiner Verblüffung war der Saal beinahe vollkommen dunkel. Ich brauchte zwei, drei Sekunden der Orientierung, um zu erkennen, dass die Rollos vor den Fenstern heruntergelassen waren, während weiter vorn eine Power-Point-Präsentation lief.

»Hinsetzen!«, raunte es mir aus der Düsternis entgegen. Als ich mich hilfesuchend nach Thorben umschaute, rammte ich einen Stuhl, der sich quietschend über den Fußboden schob.

»Pssssssst!«, zischte es in meine Richtung.

Unsicher tastete ich mich voran, bis ich endlich einen freien Stuhl in der letzten Reihe fand. Ein dünner älterer Mann mit Lederjacke und Schnauzbart quittierte mein Erscheinen mit einem vorwurfsvollen Blick.

»Alles easy … Genosse!«, flüsterte ich kumpelhaft und nahm neben ihm Platz.

*

Nach und nach gewöhnten sich meine Augen an die Dunkelheit. Ungefähr zwanzig Personen verteilten sich auf die Stuhlreihen und lauschten einer untersetzten Frau mit asymmetrischer Kurzhaarfrisur und eckiger Brille, die vorn an einem Rednerpult einen Rechenschaftsbericht vortrug.

Ich reckte den Hals, um Thorben zwischen den Versammelten zu erspähen. Erfolglos, also griff ich zum Handy und schrieb eine Nachricht:

WO BIST DU????

Nervös rutschte ich auf meinem Stuhl hin und her. Mein schnauzbärtiger Nachbar bedachte mich mit einem weiteren vorwurfsvollen Blick, also bemühte ich mich zu wirken, als lauschte ich wie alle anderen dem in enervierender Monotonie heruntergeleierten Vortrag, indem ich scheinbar konzentriert zur Rednerin blickte und in regelmäßigen Abständen wissend mit dem Kopf nickte.

Zwischendurch sah ich mich unauffällig um. Die meisten der Versammelten schienen bereits in einem Alter, in dem man die finanziellen Segnungen der deutschen Rentenkassen in Anspruch nehmen darf. Nur ein Drittel war ungefähr so alt wie ich. Zwei Reihen vor mir saß ein einzelner, leicht punkig daherkommender Jugendlicher mit wippendem Irokesenschnitt, der sich vergebens mühte, den befremdlich hohen Altersdurchschnitt der Versammelten rechnerisch und optisch zu senken.

Ungeduldig schaute ich auf mein Handy, doch auch nach einer Viertelstunde hatte Thorben nicht reagiert. Was sollte das? Hatte er mich vergessen? Oder gar aus Absicht versetzt?

»Wo ist eigentlich der Thorben?«, flüsterte ich meinem Nachbarn zu.

»Grippe«, knurrte der Schnauzbärtige gereizt. »Liegt seit Tagen flach.«

Mist! Wieso hatte er mich nicht informiert?

Egal, dachte ich wütend. Jetzt bin ich einmal hier. Ich werde die Chance nutzen. Wer weiß, wann sich die nächste Gelegenheit ergibt?

Der einlullende Singsang über Kita-Beiträge, Gehölzschutzverordnungen und Abfallgebühren wollte kein Ende nehmen. Statt einer Zusammenkunft aufbruchswilliger politischer Aktivisten erinnerte die Atmosphäre eher an eine der mir mittlerweile gut bekannten Trauerfeiern im Krematorium. Der Unterschied bestand lediglich darin, dass anstelle einer Würdigung der angeblich edlen Charakterzüge des Verstorbenen das trostlose Protokoll eines Rechenschaftsberichtes abgearbeitet wurde.

Es war zermürbend.

Meine Augenlider wurden schwer, mein Hirn lag wie ein nasser Sack in der Schädelhöhle. Um weiterhin nach außen konzentriert zu wirken, klaubte ich die Rechnung des Copyshops aus dem Jackett und tat, als würde ich auf der Rückseite wichtige Stichpunkte des Vortrags notieren. Tatsächlich kritzelte ich diverse Schmähungen wie *amorphe Fettqualle*, *bedropste Brillenschlange* und weitere freie Assoziationen, die mir beim drösigen Anstarren der Rednerin in den Sinn kamen.

Doch auch dies verhinderte nicht, dass ich irgendwann in eine Art dämmrigen Halbschlaf versank. Zweimal sackte ich nach vorn und prallte mit der Stirn fast gegen den Rücken meines Vordermannes. Um die Peinlichkeit zu kaschieren, wiederholte ich die Bewegung mehrmals deutlich übertrieben, als wolle ich durch besonders heftiges Nicken meine Zustimmung signalisieren. Nachdem ich, mittlerweile im beinahe völligen Delirium, um ein Haar vom Stuhl gefallen wäre, fügte ich in meiner Verzweiflung meinem Nicken eine halblautes *Bravo* hinzu, welches so unvermutet in die Monotonie hereinbrach, dass sich einige Teilnehmer zu einem spontanen Applaus veranlasst sahen, der wiederum die stoische Rednerin aus dem Konzept brachte und irritiert stocken ließ. Nach einem verwunderten Blick durch die eckige Brille setzte sie ihren Vortrag fort, und kurz bevor ich endgültig zusammenklappte, war die Tortur beendet. Die Rollos wurden geöffnet, die Rednerin bedankte sich für die Aufmerksamkeit und übergab an *den lieben Diethardt*, der die Diskussion über die Inhalte im anstehenden Wahlkampf eröffnen sollte.

Das Licht der gleißenden Nachmittagssonne erweckte den totgequatschten Haufen lethargischer Zombies zu neuem Leben. *Der liebe Diethardt*, ein korpulenter Typ mit grauer Halbglatze, hielt einen engagierten Vortrag über internationale Konzerne und wetterte dagegen, dass Firmen wie Amazon und Google in Deutschland keine Steuern zahlen müssen. Eine Frau um die vierzig ereiferte sich mit hoher Stimme, dass skrupellose Vermieter nur an ihre Profite denken, und übergab an *den Bernd*, der sich über die korrupten Vorstände der Automobilkonzerne echauffierte, eine bessere Infrastruktur nicht nur für Autos forderte und schließlich Platz für *den Wolfgang* machte, der mit energischen Worten verlangte, dass sich die Partei endlich dafür einsetzen müsse, die Beziehungen zu Russland zu verbessern. Das freute mich zu hören, denn Außenpolitik war schon eher mein Thema als die Verteilung von Geldern für Radwege oder Senioreninitiativen.

»Gut gemacht, Wolle«, flüsterte ich ihm dann auch zu, nachdem er wieder in der Reihe vor mir Platz genommen hatte. Die sonstigen Redner hatten nichts anderes zu tun, als großzügige, allumfassende finanzielle Zuschüsse oder anderweitige staatliche Streicheleinheiten für vermeintlich soziale Projekte zu verlangen.

Die Art und Weise des selbstverständlichen Einforderns von Unterstützung missfiel mir aufs äußerste. Ich war da anders. Ich hatte nie etwas verlangt. Alles in meinem Leben hatte ich mir selbst aufgebaut. Sicherlich, einiges davon war einsturzbedroht, doch das lag an destruktiven Einflüssen von außen, welche zum Beispiel Albina, Norbert oder Ralf hießen.

Mein Handy vibrierte, der Weltenmeister meldete sich:

> Packe den Stier bei den Hörnern, die Katze am Schwanz!

Während ich las, beschwerte sich der nächste Redner, ein hagerer, bezopfter Typ, über das Rentengefälle in Ost und West und die gierigen Abzocker in den Chefetagen der Banken.

Meine Miene verdüsterte sich. Jeder hier wollte mehr Geld. Für die Armen, für die Jugend, für Homosexuelle, für Alte, für Frauen, für Kinder, für Kranke. Bevor der Nächste womöglich noch mehr Geld für Gesunde fordern konnte, sprang ich auf und redete Klartext:

»Genossinnen und Genossen! Wir dürfen nicht nur schwarz-weiß denken! Es sind doch zuerst die Reichen, die den Laden hier am Laufen halten! Die haben auch Probleme, und da meine ich jetzt nicht nur Sonnenbrand beim Cabriofahren!«

Ein leichtes, hämisches Lachen machte die Runde.

»Geld bringt Sorgen, davon ahnt ihr gar nichts!«

»Aber sonst«, zwei Reihen vor mir wandte der Punk

den irokesengeschmückten Kopf, »geht's dir gut, Quasimodo?«

Ein weiteres, hämisches Kichern war zu hören.

Mir war klar, dass die Anspielung meinem lädierten Gesicht galt, doch darauf war ich vorbereitet. Es war allerdings noch nicht an der Zeit, darauf einzugehen.

»Schluss mit verkrusteten Denkstrukturen!«, rief ich. »Die Reichen sind gierig und böse und haben gefälligst zu blechen?« Ich lief zwischen den Stuhlreihen nach vorn. »Denkt mal nach, Leute! Der Wohlstand ist doch nur eine Entschädigung für den ganzen Stress, den man als Reicher mit der Kohle hat!«

»Vielleicht«, schlug die korpulente Frau mit der eckigen Brille vor, »stellen Sie sich erst mal vor, junger Mann.«

»Sehr guter Einwand, meine Dame.«

Ich nickte der verquollenen Bratze charmant zu, gleichzeitig bemüht, Thorbens Plastiklächeln aufzusetzen. Ein kontraproduktiver Versuch, den durch mein angestrengtes Grinsen verwandelten sich sämtliche Zischlaute in ein klägliches Lispeln.

»Heute ift Euer Glückftag, Genoffen! If heife ...«

Ich erkannte mein Missgeschick, schaltete herunter in den Standard-Gesichtsmodus und fuhr mit halbwegs normaler Stimme fort: »Hiermit gebe ich meine Bereitschaft bekannt, als Linker für einen Platz im Landtag zu kandidieren!«

Ich ließ eine bedeutungsvolle Pause einfließen. Anstelle des erwarteten Applauses herrschte Stille. Jetzt machte sich Thorbens Fehlen schmerzhaft bemerkbar, der als Anklatscher zweifellos für die nötige Stimmung gesorgt hätte.

Es war also an mir, Gas zu geben.

»Mit eurer Unterstützung, Genossen«, schwungvoll

entrollte ich das Plakat und hielt es in die Höhe, »werde ich das auch schaffen!«

IHR KREUZ IN DER URNE FÜR DIRK B. – WEIL ER SICH MIT URNEN AUSKENNT!, stand in großen Lettern über einem Foto, das ich aus meinem Studentenausweis kopiert hatte.

Aus einer der hinteren Reihen ertönte ein Hüsteln.

»Ich habe eine Weile als Bestattungshelfer gejobbt«, erklärte ich. »Das könnte man ja noch kleingedruckt drunterschreiben. Zum besseren Verständnis für die breite Masse.«

»Sag mal«, wieder meldete sich der vorlaute Punk, »wer hat dich Knusperkopp überhaupt eingeladen?«

Ich wusste, dass mein Vortrag polarisieren würde, und hatte mit Gegenwind gerechnet. Deshalb war es gut, ein weiteres argumentatives Pfund in der Hinterhand zu haben.

»Thorben hat mich engagiert. Euer Boss meint, ich soll ein bisschen frischen Wind in den Laden bringen. Klar, quatschen ist wichtig, aber man muss auch was *machen*! Letzte Woche hab ich gesehen, wie ein paar Typen ein kleines, äh, farbiges …«, ich wedelte mit den Armen, »also im Prinzip fast schon schwarzes Kind angemacht haben. Da bin ich sofort dazwischen. Die waren zu viert. Ihr seht ja, was die mit mir gemacht haben. »Aber …«, ich reckte das lädierte Kinn, »ich konnte einfach nicht anders.«

Ein zaghaftes Klatschen war zu hören. Ich erkannte *den lieben Bernd*, der sich vorhin über die Macht der Automobilkonzerne beschwert hatte und mir jetzt anerkennend zunickte.

»Eigentlich«, fuhr ich ermuntert fort, »bin ich eher der liberale Typ und seid mal ehrlich, Leute. Kommunismus und so, in eurem Alter! Das ist doch postpubertäres Rumgehampel! Ihr könnt das ganze Sozialgewurstel doch nicht ernsthaft wollen!«

Gemurmel machte sich breit.

»Ihr rennt ins Verderben!«, rief ich. »Nicht nur das, ihr macht euch lächerlich! Wacht auf! Es ist nie zu spät!«

Im Hintergrund fragte jemand halblaut seinen Nebenmann, ob man dem Typen da vorn *ins's Gehirn geschissen* habe.

»Deshalb Schluss mit sozialem Heidschibumbeidschi!« Ich ließ mich nicht beirren. »Für Eigenverantwortung und freie Marktwirtschaft! Dafür steht mein Name! Dirk B.!« Ich holte die Zimmerfontäne aus dem Jackett. »Symbolisch soll diese Fackel brennen, für die Leuchtkraft«, ich kramte ein Feuerzeug hervor und zündete das obere Ende an, »meiner Kandidatur!«

»Moment mal!« In der letzten Reihe sprang jemand auf. »Was soll denn das werden, Kumpel?!«

»Überraschung!«, lachte ich und hielt das Tischfeuerwerk mit der brennenden Zündschnur am ausgestreckten Arm in die Höhe. »Seht dieses Zeichen! Möge es …«

Ein schrilles Pfeifen zerriss die Luft. Erschrocken zog ich den Kopf ein und sah aus den Augenwinkeln, wie eine feuerrote Leuchtkugel gegen die Decke knallte. Panische Rufe wurden laut, ein paar Frauen suchten Schutz unter den Stühlen, andere bückten sich auf ihren Plätzen, hoben die Arme über den Kopf, während weitere grüne und blaue Leuchtgeschosse gegen die Wände prallten und kreuz und quer durch den Raum zischten.

»Hast du den Arsch offen, du Vollpfosten?«, kreischte der Punk. »Ich *brenne*!«

Hysterisch fuhr er mit der Hand über den qualmenden Iro und ging unter einem Tisch in Deckung.

Ich hatte meine politische Karriere mit einem zünftigen Einstand beginnen wollen, doch dieses Spektakel, gestand ich mir selbstkritisch ein, war deutlich überdimensioniert. Offensichtlich hatte ich Meinos harmlose Geburtstagsfontäne mit einem der polnischen Silvesterböller verwechselt, die ich vor ein paar Jahren im Internet bestellt hatte.

»Mein Fehler!«, schrie ich, um das ohrenbetäubende Knallen zu übertönen.

Rauch zog durch den Saal. Eine schemenhafte Gestalt rannte an mir vorbei, die Trulla mit der eckigen Brille wollte ein Fenster öffnen, stieß allerdings mit dem *lieben Diethardt* zusammen und ging schreiend zu Boden. Ein Funkenregen stob empor, eine weitere Leuchtkugel schoss gegen die Decke. Ein Puffen, das Feuerwerk erlosch. Bedrohliche Stille machte sich breit.

Jetzt war diplomatisches Geschick gefragt: »Sorry, Leute. Das war zweifelsfrei etwas ...«

Ein Zischen ließ mich aufhorchen. Als ich den Kopf hob, strömte mir Wasser ins Gesicht. Ich erkannte, dass die letzte Leuchtkugel exakt an der ungünstigsten Stelle eingeschlagen war, denn die aktivierte Sprinkleranlage begann, beflissen von der Decke zu nieseln.

Langsam löste sich die Erstarrung. Einer nach dem anderen krochen die Leute aus ihrer Deckung, starrten mich mit offenen Mündern an. Wasser tropfte aus ihren Haaren, stinkende Qualmwolken waberten umher.

»Tja. Ich, äh ...«

Polternd fiel ein Stuhl um. Der völlig durchnässte Wolfgang tauchte aus dem Dunst auf und näherte sich, den Schnauzbart drohend gesträubt. Ich ahnte, dass eine nüchterne Erklärung zur Entstehung des Vorfalls unter den gegebenen Umständen wohl kaum die gewünschte

Wirkung erzielen würde. Es schien an der Zeit, sich wieder den Sachthemen zu widmen.

»Also das Verhältnis zu Russland«, ich nickte ihm zu, »sollte tatsächlich überdacht werden. Gerade in der Außenpolitik ...«

Wolfgang stieß einen kehligen Schrei aus.

Das, versicherte ich hastig, könne man auch später in Ruhe bequatschen, und rannte, kurz, bevor sich Wolfgangs Finger um meine Kehle schließen konnten, davon.

Sechsunddreißigstes Kapitel

Es war vorbei. Endgültig. Schluss. Aus. Flaute in der Müslischale. Zapfenstreich in Bullerbü.
Ich konnte nichts tun, als stumpf an die Wand zu starren.
Alles war sinnlos. Alles.
Selbst das Fruchtfliegenzählen.
Ich solle *den Stier bei den Hörnern packen, die Katze am Schwanz*, hatte der Weltenmeister geschrieben. Nichts davon hatte ich getan, sondern einfach nur voll in die Scheiße gegriffen.
Ich schämte mich. Ich hatte versagt, mich komplett lächerlich gemacht. Wieder und wieder erschienen die Bilder der chaotischen Vorstandssitzung vor meinem geistigen Auge. Thorben hatte mir mehrfach auf die Mailbox gesprochen, besser gesagt *geschrien*. Worte wie *KÖRPERVERLETZUNG! FEUERWEHREINSATZ! KOMPLETT DURCHGEKNALLT! RECHTSANWÄLTE! SCHADENSERSATZ!* waren einige der wenigen Dinge, die mir aus seinen wütenden Tiraden in Erinnerung geblieben waren.
Kurz gesagt: Thorben würde mich fertigmachen.
Und er war nicht der Einzige mit diesem Ansinnen. Auch Timo hatte mir eine Nachricht auf die Mailbox geknurrt (*bezahl, oder ich überfahre dich mit deinem beschissenen Cabrio*), die man nur mit äußerst viel Optimismus als mehrdeutig interpretieren konnte.

Vielleicht, überlegte ich, sollte er sich mit Thorben und Norbert zusammentun und eine Firma gründen. Einen passenden Namen hätte ich jedenfalls.

Dirk B-Komplett-Zerstörungs-GmbH

Ein eigentlich witziger Gedanke, über den ich jedoch nicht mal ansatzweise kichern konnte. Am liebsten wäre ich in der Erde versunken, doch das war unrealistisch. Im Gegensatz zu meiner Gemütslage war der geflieste Küchenboden äußerst stabil.

Ein Winseln drang aus dem Flur. Karl-Heinz kratzte an der Haustür, um seinen abendlichen Spaziergang einzufordern. Ich erhob mich schwerfällig, ignorierte seinen anklagenden Dackelblick, sperrte ihn in Meinos leeres Zimmer und schlurfte wieder zum Küchentisch. Eine Warnmeldung erschien auf dem Display meines Handys:

BATTERIE FAST LEER, DIRK!
(3 % Batteriezustand)

Na toll. Jetzt redete also auch noch der Akku mit mir!

Genervt schaltete ich das Telefon aus. Das Display wurde schwarz, aber nur, um drei Sekunden später von selbst wieder aufzuflackern:

> Wenn es nicht weitergeht, Dirk:
> Suizid ist auch eine Option.

Es dauerte einige Sekunden, bis ich verstand, was der Weltenmeister mir sagen wollte.

»Spinnt das Teil jetzt völlig?!«

Ich war kurz davor durchzudrehen. Ich hatte genug.

Schluss mit diesem Wahnsinn. Schluss mit dieser App, diesem … *Weltenmeister!*

»Nimm das! Du blödes …«

Ich griff nach dem Telefon.

»… Sackgesicht!«

Das Handy flog durch die Küche, krachte gegen den Mülleimer und zersplitterte auf den Fliesen. Ich stieß keuchend die Luft aus. Der erste Schritt war getan. Erleichterung brachte das nicht, denn wohin führte der nächste? Es gab niemanden, den ich um Hilfe bitten konnte.

Meike?

Für immer verschwunden.

Albina?

Niemals. Lieber sterben.

Was sollte ich …

Ich hörte ein seltsames Kichern. Irgendwo aus Richtung des Mülleimers. Genauer gesagt …

Hä?

… von den Überresten meines Handys.

Ich stand auf, ging unsicher vor den Splittern in die Hocke. Das Display hatte sich vom gebrochenen Gehäuse gelöst, lag neben dem Akku auf dem Boden. Ein gezackter Riss zog sich quer über das Glas. Plötzlich ein Flackern, eine neue Botschaft erschien:

Schweiß schoss aus sämtlichen Poren meines Körpers. Bevor ich einen klaren Gedanken fassen konnte, ließ mich die Klingel im Flur zusammenzucken.

Ich sprang auf. Es war so weit, sie hatten mich am Schlaffitchen. Egal wer, jeder, der etwas von mir wollte, stellte eine akute Gefahr für meine Gesundheit dar. Es gab niemanden, der nicht die Absicht hatte, mir wenigstens auf's Maul zu hauen. Außer der Polizei, die würden lediglich dafür sorgen, dass ich den Rest meines Lebens mit gewöhnlichen Verbrechern hinter Gittern verbringen müsste.

Nein, um keinen Preis würde ich die Tür öffnen!

Wieder schrillte die Klingel.

Raus! Ich musste raus hier, einfach nur weg! Egal, wohin!

Panisch holte ich meine alte Reisetasche aus dem Schrank und stopfte wahllos hinein, was mir in die zitternden Finger fiel. Karl-Heinz, von der Klingel aufgeschreckt, kläffte wie verrückt in Meinos Zimmer.

Ha! Vielleicht war er ja meine Rettung?

Genau wie neulich in meinem Traum! Egal, wer draußen stand, das treue Tier würde sich auf ihn stürzen!

Ich riss die Zimmertür auf. Karl-Heinz kam mir bellend entgegen.

»Komm, mein Held!«, stachelte ich ihn an. »Vor der Tür steht ein ganz, ganz Böser!«

Wild entschlossen rannte ich in die Küche, um ein Messer zu holen. Schwungvoll riss ich eine Schublade auf, diese löste sich aus den Schienen und krachte samt Inhalt auf die Fliesen. Die Schneidwerkzeuge lagen verstreut auf dem Boden, ich griff wahllos zu und stürmte zurück in den Flur, als es zum dritten Mal klingelte.

Völlig außer Rand und Band bellte der Dackel die Tür an.

Mein Plan war einfach: Karl-Heinz würde sich umgehend auf meinen Peiniger stürzen und mir Gelegenheit geben, ihm das Messer irgendwohin zu rammen. Danach würde ich fliehen. Wenn der andere dabei draufging? Egal! Er oder ich! Dazwischen gab es nichts mehr.

Ich hängte mir die Tasche um, legte die Hand auf die Klinke und hielt wie ferngesteuert noch einmal inne.

So, dachte ich, endet es also. Alles, was hier vor Jahren so hoffnungsvoll begann, mit Meino und Albina, ist für immer vorbei. Alle Träume zerplatzt.

Wehmütig sah ich mich um. Meine Augen wurden feucht. Eine Träne löste sich, fiel auf meinen geliebten Spannteppich und mischte sich mit Arnulfs verblassten Fußabdrücken zu einem trostlosen Grau.

Es klingelte Sturm.

Es gab kein Zurück mehr.

»FASS, KARL-HEINZ!«

Ich riss die Tür auf.

»LOS!«, kreischte ich.

Bellend schoss der Dackel nach draußen.

»TÖTE! TÖTE!«

Eine Sekunde später machte er unvermittelt kehrt und kam mit eingezogenem Stummelschwanz zurück in den Flur. Wild keuchend sah ich dem Feigling hinterher, doch ich war bereit, meinem Endgegner allein entgegenzutreten.

»Willst du deinen Hund grillen?«, fragte Patrizia in gewohnt spöttischem Ton, als ich sie verstört mit aufgerissenen Augen anstarrte.

Ich folgte ihrem Blick nach oben. Offensichtlich hatte ich mich bei meiner verzweifelten Suche nach einer Waffe vergriffen, denn das Messer, das ich noch immer drohend wie einen Speer über den Kopf zu halten glaubte, entpuppte sich als Grillgabel.

»Was auch immer das hier gerade werden soll, entspann dich einfach.« Breit grinsend drückte mir Patrizia eine Champagnerflasche in die Hand. »Es gibt was zu feiern.«

TEIL 3

**Sei du selbst,
sonst sind es andere für dich!**

Siebenunddreißigstes Kapitel

Wo fange ich an zu berichten?
Im Endeffekt ist es rasch erzählt. Dinge ändern sich im Leben. Mal schneller, mal langsamer, als man denkt. In meinem Fall überschlugen sich die Ereignisse.
Patrizia hatte die Weltenmeister-Manuskripte, die sie an jenem Morgen nach Sörens Party mitgenommen hatte, in einem ihrer Frankfurter Snobistenzirkel herumgereicht. Es dauerte nicht lange, und mehrere große Verlage waren interessiert. Patrizia, Geschäftsfrau durch und durch, heizte das Interesse noch an, indem sie die Identität des mysteriösen Verfassers geheim hielt, und handelte nach einer regelrechten Bieterschlacht einen opulenten Vorschuss aus. Ich selbst hatte nichts weiter zu tun, als die Urheberschaft zu bestätigen. Sechs Wochen später wurde das Buch, begleitet von einer riesigen Werbekampagne, veröffentlicht, schlug folgerichtig wie eine Bombe ein und landete prompt auf den Bestsellerlisten.
Und ich?
War plötzlich ein gemachter Mann, dessen Probleme sich von allein lösten. Der Verlag trug sein neues Wunderkind auf Händen. Sämtliche Verbindlichkeiten wurden diskret beglichen, der Rest von einer Horde charmanter Anwälte geregelt. Timo saß eine zweimonatige Strafe wegen Körperverletzung ab, Ralf erhielt eine Anklage wegen des Verdachts auf schwere Hehlerei; wenig später meldete die *Dr. Sorgenfrei Homeservice-Handelsagentur & Co. KG*,

Konkurs an. Die E-Mail mit den Vorwürfen gegen Norbert und Constanze, die ich dem stellvertretenden Vereinsvorsitzenden der Freien Kreativschule geschickt hatte, zeigte endlich Wirkung. Die beiden wurden entlassen und mussten den Fehlbetrag ausgleichen. Aus purer Nächstenliebe unterstützte ich meine ehemaligen Kollegen und bot an, die Hälfte der verschwundenen dreißigtausend Euro zu übernehmen. Sie waren ja nicht grundsätzlich schlechte Menschen.

Dass Norbert mein großzügiges Angebot ausschlug, konnte ich nur als Schuldeingeständnis seinerseits werten.

Drei Wochen nach Vertragsabschluss suchte mich ein langhaariger Kripobeamter auf, der sich als Hauptkommissar Zorn vorstellte und mir Fragen zum Tod der alten Wondraschek stellen wollte. Ich verwies den bräsigen Schnarcher an meine Anwälte.

Danach habe ich nie wieder von ihm gehört.

Es ging mir gut. Schlagartig war ich reich. Ich war ein Star, Liebling des Feuilletons. Ich hatte Fans und jede Menge Follower auf Instagram und Youtube. Das freute mich umso mehr, denn so erreichte ich die Menschen viel direkter und persönlicher als über die Krücke des altmodischen Parteiapparates der *Linken Liste*.

Ich hatte es den Zweiflern, den Albinas, Ralfs, Norberts und allen anderen angepassten Langweilern dieser Welt gezeigt. Alles, wonach das menschliche Trachten strebt, stand mir bereit. Ich musste nur zugreifen.

Ein neues Handy legte ich mir jedoch nicht zu. Das konnte als Marotte eines schrulligen Schriftstellers abgetan werden, der wahre Grund lag allerdings woanders.

Bei einer App.

Was oder wer auch immer dieser Weltenmeister war; irgendwo ... *irgendwie* musste er existieren. Ich war zu dem

Schluss gekommen, dass er in keinem Fall ein Mensch sein konnte. Vielmehr vermutete ich hinter seinen Texten einen Algorithmus, eine seltsame Datenstruktur oder eine außer Kontrolle geratene binäre Reihe, quasi einen Rülpser in der Matrix. Womöglich gar den Vorboten einer sich verselbständigenden Form künstlicher Intelligenz. Alles lag im Bereich des Möglichen.

Zuerst hatte ich ihn – beziehungsweise *es* – verlacht. Danach akzeptiert, später verehrt und zum Schluss verflucht. Jetzt hatte ich meinen Frieden geschlossen. Bis zum Erscheinen des Buches verspürte ich jedoch ein gewisses Unbehagen. Böswillige hätten mir unterstellen können, geistiges Eigentum gestohlen zu haben.

Gut. Aber wem?

Jemandem, der nicht existiert, kann man nichts wegnehmen.

Nun, es war, wie es war. Mein Mut, mich auf die Konversation mit der seltsamen App einzulassen, wurde belohnt.

Nicht alle Botschaften hatten sich mir sofort erschlossen, doch jede einzelne hatte sich irgendwann als richtig erwiesen. Besonders die letzte, deren Sinn ich erst begriff, als der erste Vorschuss für die Texte des Weltenmeisters auf meinem Konto eingegangen war:

> Wer gut leben will, muss arbeiten.
> Wer SORGLOS leben will,
> **LEBT VON DER ARBEIT ANDERER!**

Auch diesmal bewies der Weltenmeister Phantasie, denn da ich kein Mobiltelefon mehr besaß, übermittelte er mir die Nachricht – quasi als finale Amtshandlung – als Text auf meiner letzten Handyrechnung.

*

Nach meinem ersten Fernsehauftritt in einer Talkshow (laut Kritikerurteil *erfrischend kontrovers, eloquent, unterhaltsam und überraschend tiefsinnig*) meldete sich Albina und lud mich zum Kaffee ein. Ich lehnte ab und verwies auf meinen engen Terminplan. Das entsprach durchaus der Wahrheit, ich musste mich auf meine erste Live-Tour vorbereiten. Zusätzlich erschien es mir ratsam, Albina ein wenig zappeln zu lassen.

Apropos zappeln:

Zwei Wochen nach Erscheinen des Buches – die fünfte Auflage wurde gerade gedruckt – tauchte ein Video im Internet auf. In einer bizarren Szene war zu sehen, wie ein völlig verwirrter Typ mit blutendem, von Platzwunden gezeichnetem Gesicht an einem Porno-Set die nackten Darsteller beschimpfte. Gerüchten zufolge sollte es sich dabei um mich handeln, und obwohl eine gewisse Ähnlichkeit nicht zu bestreiten war, erwiesen sich diese Vorwürfe als unhaltbar.

Meine zweimonatige Tour war binnen kürzester Zeit ausverkauft. Große Hallen wurden gebucht, und als ich am Premierentag mit Karl-Heinz auf dem Rücksitz meines neuen Mercedes zum ersten Gig fuhr, tat ich dies im sicheren Gefühl des Erfolges.

Ich war ein Mann auf dem Weg zu weiterem Ruhm. Bereit, sämtliche Lorbeeren vom Baum des Lebens zu pflücken. Die Welt lag mir zu Füßen, nichts konnte mich mehr aufhalten, jetzt, wo ich …

Präludium 2

»Huhu!«
Ich kenne die Stimme, dicht an meinem Ohr.
Auch den Geruch: der säuerliche Matjes-Brodem des Weißbärtigen.
»Aufstehen, Herr B.!«
Wo bin ich?
Ich werde am Arm gepackt und in die Höhe gezogen. Blinzelnd sehe ich mich um. Ein Scheinwerfer blendet mich. Ich schwanke, mache einen Ausfallschritt und erkenne ein Mikrophon im Lichtkegel, dahinter ist Dunkelheit. Der Inspizient entfernt sich, einen großen Schlüsselbund in seiner Hand.
Mit einem Schlag fällt mir alles ein. Die Bühne. Der ausverkaufte Saal. Mein Auftritt. Ich muss ohnmächtig geworden sein, direkt vor dem Publikum! Was für eine Blamage! Zögernd nähere ich mich dem Mikro.
Los! Sag was!
Ich öffne den Mund.
Nichts.
Kein Wort. Keine Silbe. Nicht mal ein Krächzen.
Wieso kann ich nicht sprechen?
»Weil ich's nicht wollte.«
Eine unangenehm quäkende Stimme hallt mir aus dem Dunkel entgegen.
In meinem Kopf formt sich ein Gedanke:
?

Ein weiterer:
??

Gefolgt von einem dritten:
???

Ich trete an den Bühnenrand, schirme die Augen mit der Hand ab. Die ersten drei Stuhlreihen kann ich erkennen; schwarze praktische Klappstühle.

Alle leer.

Ich beuge mich vor, starre in die hohe, düstere Halle. Im Hintergrund erhebt sich eine Traverse mit Stühlen. Nach links und rechts ebenso.

Auch leer.

Der komplette Saal ist leer!

Fast jedenfalls. In der Mitte erkenne ich einen Kopf und die schemenhaften Umrisse eines Oberkörpers über den Lehnen. Irgendwie kommt der Typ mir bekannt vor.

Wer zum Teufel ist das?

»Ach so«, quäkt es zu mir hinauf. »Ich hatte vorausgesetzt, du erkennst mich.«

Was soll das? Liest der meine …

»Klar lese ich deine Gedanken, du Platsch! Ich hab sie ja schließlich geschrieben!«

»Aber das …«

Ich verstumme, erschrocken vom Klang meiner Stimme, die plötzlich aus den Lautsprechern durch den Saal dröhnt.

Wieso kann ich auf einmal reden?

»Weil«, wiederholt der Typ gelangweilt, »ich's so aufgeschrieben habe.«

»Moment mal!« Ich straffe mich hinter dem Mikrophon. »*Ich* bin hier derjenige, der was geschrieben hat!

»*Du?*«

»Klar! Und zwar einen Bestseller!«

Ein Stuhl knarrt, als der Unbekannte sich aufrichtet.

»*Du* hast das *Kapitalistische Manifest* geschrieben?«

Unwillkürlich ducke ich mich hinter dem Mikro. Niemand kennt den Weltenmeister. Nicht mal meine Lektorin weiß, dass ich ...

»Du hast *überhaupt nichts* geschrieben!«

Schritte erklingen im Saal, eine hagere Gestalt schält sich aus der Dunkelheit und kommt über den Mittelgang herangeschlendert.

»Und um's kurz zu machen«, der Unbekannte deutet mit dem Zeigefinger zu mir hinauf, »dich gibt's nicht mal. Also irgendwie schon, aber nur das, was ich zu dir aufgeschrieben habe. Und zwar ...«, beiläufig wirft er etwas auf die Bühne, »hier.«

Ein Buch landet mit dumpfem Aufprall vor meinen Füßen. Ich hebe es auf, betrachte den gelben Einband.

»*Wie Dirk B. lernte, den Kapitalismus zu lieben*«, lese ich halblaut vor.

Der Typ auf dem Cover – dünne Haare, gelber Pullunder – ist derselbe wie der, der unten vor der Bühne steht.

»Du bist, äh ...« Ich runzele die Stirn. »Olaf Schubert?«

»Klar.« Schubert fläzt sich auf einen Stuhl in der ersten Reihe. »Und du bist Dirk B.«

Ich schlage das Buch mit zitternden Fingern auf, blättere durch die Seiten nach hinten.

»Mach's lieber zu«, sagt Schubert. »Der Schluss wird dir nicht gefallen.«

Die Buchstaben verschwimmen vor meinen Augen. Ich versuche, meine Gedanken zu ordnen. Ohne ...

???????

... Erfolg.

»Aber ...« Ich räuspere mich. »Warum ausgerechnet ... *ich*?«

»Ich brauchte den egoistischsten Typen, den ich mir vorstellen konnte, und du«, grinst Schubert, »bist das Ergebnis.«

Das Scheinwerferlicht sticht mir direkt in die Augen. Blinzelnd lecke ich den Schweiß von der Oberlippe. Ich muss Zeit gewinnen. Ich stehe vor einer völlig neuen Situation. Aber auch damit werde ich umgehen.

»Moment!«, protestiere ich. »Egoistisch geworden bin ich ja erst durch den Weltenmeister! Den hast *du* mir vorgesetzt!«

»Blödsinn«, winkt Schubert ab. »Du warst von Anfang an ein Rindvieh.«

»Also ich finde schon, dass ich was Besonderes …«

»Jeder andere hätte *du* sein können.« Schubert verschränkt die Arme vor dem Pullunder. »Er musste nur blöd genug sein, diesem Unfug mit dem Weltenmeister auf den Leim zu gehen. *Wecke den Tiger in dir!*« Schubert schüttelt fassungslos den Kopf. »Meine Güte, welcher halbwegs normale Mensch lässt sich denn auf so 'ne Grütze ein?«

»Ich habe doch immer nur gemacht, was der Weltenmeister wollte!«, rechtfertige ich mich.

»Von wegen!«, lacht Schubert. »Als dir der wirklich sehr gute Vorschlag mit dem Suizid unterbreitet wurde, was hast du gemacht, hm?«

»Ich, äh …«

»Du hast das Handy in die Ecke gepfeffert. Nur die Vorschläge, die dir in den Kram passten, hast du umgesetzt. So sieht's aus.«

»Trotzdem«, beschwere ich mich weiter. »Das ist alles ungerecht! Und dass mir Timo die Fresse poliert hat, war das nötig? Das tat nämlich verdammt …«

»War nicht meine Idee«, wehrt Schubert ab.

»Hä?«

»Das war Herr Ludwig.«

»*Wer?*«

»Der Typ da hinten.« Schubert weist mit dem Daumen über die Schulter. »Wir haben das Buch zusammen geschrieben.«

Ich stütze die Hände auf den Knien ab und starre hinab in den Saal. Ganz hinten glaube ich, ein paar Schuhe zu erkennen, die auf der Vorderreihe abgestützt sind. Der Rest verschwindet in dichten Qualmwolken.

»Der … *raucht?*« Meine Augen verengen sich. »Das ist hier verboten!«

»Interessiert den nicht. In allen seinen Büchern wird geraucht.«

»Okay.« Ich hole tief Luft. »Ihr denkt also, ihr seid die großen Zampanos mit eurem … Buch. Aber ihr vergesst eins: *Ich* bin der Held in eurer bescheuerten Story!«

»Und?« Schubert hebt die Brauen.

»Ich hab Kohle ohne Ende! Ich hab Erfolg! Ich muss nur so machen«, ich schnipse mit den Fingern, »und Albina kommt sofort wieder angekrochen! Mit Meino im Schlepptau! Warum«, ich blinzele verwirrt, »kann ich den eigentlich nicht leiden?«

»Weil du'n Arschloch bist.«

»Na und? Jeder muss ein Arschloch sein!« Ich recke triumphierend das Kinn. »Es darf bloß niemand merken! Das sind *deine* Worte!«

»Stimmt«, nickt Schubert. »Aber selbst dafür warst du zu blöd.«

»Trotzdem! Ich stehe auf dem Titel! Ihr habt mich berühmt gemacht!«

»Ich denke nicht, dass du mit dem Buch berühmt wirst.

Selbst wenn …« Schubert kratzt sich am Kopf, »ist's auch egal.«

»Wieso?«

»Weil du tot bist.«

»Ich bin … *was*?!«

»Was glaubst du denn, warum dir die außergewöhnliche Gnade zuteilwurde, vor Gott treten zu dürfen?«

»Vor … *Gott*?«

»Jedenfalls vor deinem Schöpfer. Nenn ihn Gott oder Olaf«, winkt Schubert ab. »Von mir aus auch Jens. Ist mir schnurz.«

»Und wie genau«, hake ich nach, »soll ich bitte schön gestorben sein?«

»Hab ich vergessen.« Schubert zuckt die Achseln, wendet sich nach hinten. »Herzinfarkt, oder?«

»Autounfall«, tönt es gelangweilt aus der Rauchwolke.

»Jedenfalls irgend so'n Klassiker aus der Sparte«, Schubert hebt die Finger, »*wenn's mal schnell gehen muss.*«

»Ach.« Ich kneife ein Auge zusammen. »Und warum kann ich mich nicht dran erinnern?«

»War zu faul, das aufzuschreiben. Hatte keine Lust mehr. Er«, Schubert deutet mit dem Daumen nach hinten, »auch nicht. Sei froh, wäre wahrscheinlich ziemlich schmerzhaft geworden.«

Das Hüsteln im Hintergrund ist wohl als Zustimmung zu werten.

»Übrigens«, erklärt Schubert gedehnt, »dein komischer Dackel darf weiterleben. Der heißt jetzt Jason und wohnt als Wellensittich in 'nem Vogelkäfig bei Herrn Ludwig in der Küche.«

Was für selbstgerechte Typen, denke ich. Wie …

»Es reicht«, sagt Schubert. »Keine Gedanken mehr. Du hast genug gedacht.«

? ? ? ? ? ? ? ? ?
»Wir müssen endlich mal zum Schluss kommen. Ab jetzt nur noch Dialoge, klar? Kurz und knackig.«

*

»Das ist unfair!«
»Nö.«
»Aber warum? Warum musste ich sterben?«
»Liegt alles bei dir, Freundchen.«
»Scheiße!«
»Eigentlich wollte ich ein Happy End. Aber du bist ein dermaßen beschissener Kacktyp ... das ging nicht. Ich hab's dir einfach nicht gegönnt. So sieht's aus.«
»Aber ...«
»Genug gefaselt. Hab keinen Bock mehr auf das Gesülze. Ich wär dann so weit.«
»Wie ... äh, wofür?«
»Für's Ende.«

*

Schubert erhebt sich, streckt gähnend den Rücken. Der Sitz klappt hinter ihm gegen die Lehne. Bleich, mit schweißnassem Gesicht steht Dirk B. auf der Bühne.
»Na dann ...« Schubert wedelt mit der Hand. »Mach's gut.«
»Moment!«, krächzt Dirk B. »Ich will nicht sterben!«
»Tja. Zu spät.«
Schubert schlendert gemächlich durch den Mittelgang davon.
»Halt!«, ruft B. ihm nach. Speichel spritzt aus seinem Mund. »Ich ... ich hab aber noch zu tun!«

»Nicht, dass ich wüsste.«

»Warte!« B. läuft verzweifelt an der Bühnenkante hin und her. »Ich muss noch … die Tierfutterstudie mit Karl-Heinz!« Er hebt flehend die Hände. »Die ist noch nicht abgeschlossen! Die … die geht sonst für immer verloren!«

»Na ja. Der Verlust ist verkraftbar.«

Schubert verschwindet zwischen den Stuhlreihen im Dunkel.

»Halt!«, schreit B.

»Petrus?«, ruft Schubert, ohne sich umzusehen.

Der Vorhang teilt sich, der Kopf des Inspizienten erscheint. »Ja?«

»Du machst hier dann alles aus, ja?«

»Geht klar, Olaf.«

»Das könnt ihr nicht machen!«, kreischt B.

Eine Tür fällt hallend ins Schloss. Irgendwo klackt ein Relais, der Scheinwerfer erlischt. Es wird dunkel im Saal. Stille tritt ein, nur ein Keuchen ist aus Richtung der Bühne zu hören.

»Das ist unfair!«, jammert eine erstickte Stimme. »Ihr könnt mich doch nicht einfach abst

Schlusswort

Sämtliche Örtlichkeiten und Personen in dieser Geschichte könnten fiktiv sein. Das Kapitalistische Manifest allerdings liegt den Autoren vollständig vor und wird der Öffentlichkeit nach sorgfältiger Überarbeitung mit den anderen Pamphleten des Weltenmeisters zu gegebenem Zeitpunkt zugänglich gemacht.

Olaf Schubert
**Wie ich die Welt retten würde,
wenn ich Zeit dafür hätte**
Band 18605

»Meinetwegen kann die Erde rund bleiben ...«, doch abgesehen davon herrscht für Olaf Schubert großer Handlungsbedarf. Sei es der tägliche Kampf gegen das organisierte Verbrechen, die zunehmende Umweltverschmutzung oder grassierende Epidemien: Der berühmteste Betroffenheitslyriker stellt sich den globalen Problemen und versucht, die Welt mit seinem losen Mundwerk zu retten. Wie ihm das gelingt und was das Wunder im Pullunder auf seinem beschwerlichen Weg an Abenteuern zu überstehen hat, davon erzählt er offenherzig und ohne Beschönigungen in seinem kuriosen Erlebnisbericht.

Fischer Taschenbuch Verlag